Mary Jane Ryan

Glücklicher leben ohne Hektik und Streß

Zu diesem Buch

Kommt Ihnen das bekannt vor? Sie können es kaum erwarten, bis Ihr PC hochfährt, beim Telefonieren zählen Sie die Minuten und checken nebenbei Ihre E-Mails, und wenn Sie das Nudelwasser aufsetzen, müssen Sie immer wieder nachsehen, wann es denn endlich kocht ... Noch nie war Geduld so wichtig wie in unserer schnellebigen Welt, und noch nie gab es so wenig davon. Ganz egal, ob es um berufliches Engagement, Autofahren oder Einkaufen, um Partnerschaft oder Kindererziehung geht – all das erfordert ein gesundes Maß an Ausdauer und Beharrlichkeit. Und weil wir Streßhormone besser beim Joggen abbauen als im Kundengespräch oder beim Familienfrühstück, bietet die Autorin eine Fülle an Fallbeispielen und konkreten Tips: mentale Trainings für Verkehrsstau oder Warteschlange, Konzentrationsübungen fürs Büro, beziehungsrettende Soforthilfen für sie und ihn und wertvolle Tricks für Eltern, denen gern mal der Geduldsfaden reißt ...

Mary Jane Ryan war nach dem Studium der Psychologie und Literatur Lektorin und Verlegerin, ehe sie selbst Bestseller über Tugenden wie Geduld, Dankbarkeit, Großzügigkeit und Freundlichkeit zu schreiben begann. Sie hält erfolgreich Vorträge, veranstaltet Workshops und ist Förderin von Robert Redfords Projekt TimeOut. Beiträge von Mary Jane Ryan erschienen in zahlreichen Zeitungen und Zeitschriften. Sie lebt mit ihrer Familie in Kalifornien.

Mary Jane Ryan
Glücklicher leben ohne Hektik und Streß

Aus dem Amerikanischen von
Eva Dempewolf

Piper München Zürich

FSC

Dieses Taschenbuch wurde auf FSC-zertifiziertem Papier gedruckt. FSC (Forest Stewardship Council) ist eine nichtstaatliche, gemeinnützige Organisation, die sich für eine ökologische und sozialverantwortliche Nutzung der Wälder unserer Erde einsetzt (vgl. Logo auf der Umschlagrückseite).

Ungekürzte Taschenbuchausgabe
Februar 2007

Titel der amerikanischen Originalausgabe:
»The Power of Patience«, Broadway Books, New York 2003

erschienen im Verlagsprogramm Kabel
unter dem Titel:
»Mehr Geduld. Glücklicher leben ohne Hektik und Streß«
Umschlag/Bildredaktion: Büro Hamburg
Heike Dehning, Charlotte Wippermann,
Alke Bücking, Daniel Barthmann
Umschlagfoto: Roy Botterell/Getty Images
Satz: KCS GmbH, Buchholz/Hamburg
Papier: Munken Print von Arctic Paper Munkedals AB, Schweden
Druck und Bindung: Clausen & Bosse, Leck
Printed in Germany ISBN 978-3-492-24862-4

www.piper.de

»Der Schlüssel zu allem ist Geduld.
Wer ein Ei ausbrütet, bekommt ein Huhn;
wer es in die Pfanne schlägt, nur ein Omelett.«
Arnold H. Glasgow

Inhalt

1

Wie eine altmodische Tugend Ihr Leben verbessern kann

»Lieber Gott, schenke mir Geduld.
Und zwar SOFORT!«
Oren Arnold

Wußten Sie, daß:

- manche McDonald's-Filialen »Geld zurück« versprechen, wenn die Bestellung nicht binnen 90 Sekunden vor Ihnen steht?
- ein durchschnittlicher Arztbesuch inzwischen ganze acht Minuten dauert?
- ein amerikanischer Pharmakonzern ein rezeptfreies Medikament anbietet, »für Frauen, die keine Zeit für eine Pilzinfektion haben«?
- Politiker Journalistenfragen neuerdings in durchschnittlich 8,2 Sekunden beantworten – ganz egal, wie komplex das Thema ist?
- ein beliebtes All-you-can-eat-Lokal in Tokio nach Zeit berechnet? Je schneller man ißt, desto weniger zahlt man.

* immer mehr Fotogeschäfte fertige Bilder innerhalb einer Stunde anbieten – damit Sie die Fotos haben, bevor der Urlaub vorbei ist?
* die Geschäftsführung der Laptop-Sparte von Hitachi ihre Mitarbeiter mit dem Slogan motiviert: »Schnelligkeit ist Gott, Zeit nimmt sich der Teufel«?
* Hochhauskonstrukteure eine »natürliche« Obergrenze für die Anzahl der Stockwerke entdeckt haben? Sie bemißt sich nach der Zeitspanne, die man auf den Lift warten muß. 15 Sekunden sind okay; dauert es 40, rasten wir aus.

Irgendwie scheint es, als verbringen alle Menschen ihr Leben nur noch damit, von einem Ort zum andern zu hetzen. Wir sind unentwegt in Bewegung – und wir erwarten, daß alles und jedes um uns herum ebenfalls immer schneller wird. Wie hat es der Technologiekritiker David Shenk so treffend beobachtet: Zwischen E-Mail und Fax, SMS und Expreßsendungen ist der Begriff Schnelligkeit aus unserer Kultur verschwunden. »Wir kennen nur noch Abstufungen von Langsamkeit.« Der Autor James Gleick drückt es noch unverblümter aus. Ihm zufolge leiden wir alle an der »Eilkrankheit«, einem Begriff, den Meyer Friedman geprägt hat, der »Entdecker« des Typ-A-Persönlichkeitsprofils.

Ich für meinen Teil jedenfalls habe sie. Ich ertrage es einfach nicht, wie lange mein Computer zum Hochfahren braucht. Kürzlich habe ich die Zeit gestoppt – zwei Minuten hat es gedauert, und ich rutschte die ganze Zeit ungeduldig auf meinem Stuhl hin und her. Ich bin jemand, der alle paar Sekunden auf den Knopf am Aufzug drückt, damit das verdammte Ding schneller kommt. Es nervt mich, mich durch Computeransagen zu kämpfen, bis ich endlich einen Gesprächspartner aus Fleisch und Blut am Apparat habe. Und ich drücke den 1-Minute-Knopf auf der Mikrowelle, weil es mir zu lang dauern würde, die Zeit manuell einzutippen.

Ja, so schlimm hat es mich erwischt. Gestern war ich hier im Copyshop an der Ecke. Ich machte meine Kopien und stellte mich dann an der Kasse an. Der junge Mann hinter der Theke beriet eine alte Dame, die ein Päckchen an ihren Enkel schicken wollte, es allein aber nicht schaffte. Vor mir stand noch eine andere Frau an. Mein innerer Monolog ging wie folgt: Warteschlangen! Wie ich das Schlangestehen hasse! Warum können die hier nicht mehr Leute einstellen? Wir haben doch Millionen Arbeitslose! Grrrr! Warum schreiben sie nicht wenigstens hin, was eine Kopie kostet, dann könnte ich das Geld schon mal abzählen. (Eine Minute vergeht. Ich beginne zu kochen.) Ich habe für so was keine Zeit. Ich habe so viel Wichtigeres zu tun. Ich kann doch meinen Tag nicht damit verplempern, hier herumzustehen. Ich muß schließlich zurück an meinen Schreibtisch und an dem Buch über Geduld weiterschreiben.

Jetzt reicht es aber. Ich rufe von meinem Platz in der Schlange nach vorn: »Wieviel kostet eine Kopie?« »Zehn Cent«, antwortet der junge Mann nervös. Ich knalle ihm einen Dollar hin, obwohl ich nur 40 Cent zahlen müßte, und stürme aus dem Laden. Die Ironie der Situation geht mir erst auf, als ich wieder im Auto sitze.

Ein anderes Wort für Eilkrankheit lautet Ungeduld, und ich bin mir 100%ig sicher, daß ich nicht die einzige bin, die daran leidet. Raserei beim Autofahren, Gewalttaten aller Art, Wutausbrüche im Büro, Scheidungen, Ohrfeigen und Anbrüllen der Kinder ... diese und viele, viele andere Leiden unserer Welt lassen sich – zumindest zum Teil – auf Ungeduld zurückführen.

Vor kurzem hat der Bundesstaat Kalifornien eine Kampagne gestartet, die dafür wirbt, an Autobahnbaustellen die Höchstgeschwindigkeit von 65 Meilen pro Stunde auf 55 herabzusetzen, weil so viele Straßenarbeiter überfahren werden. In dem Aufruf wird darauf hingewiesen, daß man ganze zehn Sekunden länger unterwegs ist, wenn man auf einem gut anderthalb Kilometer langen Baustellenstück das Tempo von 65 auf 55 Meilen pro Stunde drosselt. Menschen sterben, weil wir nicht bereit sind, irgendwo zehn Sekunden später anzukommen!

Es scheint fast so, als würden wir um so weniger Geduld aufbringen, je schneller alles geht. Das stellt ein echtes Problem dar, denn im täglichen Leben gibt es nun einmal eine ganze Reihe von Verzögerungen, gegen die wir machtlos sind – Verkehrsstaus, Schlangestehen, Warteschleifen am Telefon. Und was noch wichtiger ist: Ungeduld bringt uns in echte Schwierigkeiten, weil die wirklichen Herausforderungen des Lebens – Krankheiten, Verletzungen, Beziehungskrisen, Probleme am Arbeitsplatz und Erziehungsfragen, um nur einige wenige zu nennen – nur zu meistern sind, wenn man zumindest ein gewisses Maß an Geduld mitbringt. Und wollen wir im Leben nicht bloß mit Müh und Not »irgendwie« über die Runden kommen, sondern an Liebe und Weisheit gewinnen, dann, ja dann *müssen* wir uns einfach in Geduld üben.

Wer keine Geduld hat, wird aus den Lektionen, mit denen das Leben uns konfrontiert, nichts lernen; wir werden dann nicht reifer, sondern nur älter. Emotional und geistig verharren wir auf der Stufe reizbarer Kleinkinder, die nicht in der Lage sind, Befriedigung auch nur ein paar Sekunden lang aufzuschieben, konsequent und mit Ausdauer auf ein Ziel hinzuarbeiten. Wenn wir ein sinnvolleres und erfüllteres Leben haben wollen, nicht nur ein schnelleres, *müssen* wir lernen, Geduld zu haben – Geduld mit uns selbst, Geduld mit anderen Menschen und Geduld mit den großen und kleinen Dingen, mit denen uns das Leben nun einmal konfrontiert.

Ich bin überzeugt, daß es keinen Menschen gibt, der sich nicht mehr Geduld wünscht. Ich habe mehr als 200 Bücher veröffentlicht und 22 geschrieben, und nie habe ich ein vergleichbares Echo bekommen. Nie haben mir so viele Leute im Brustton der Überzeugung gesagt: »Genau das brauche ich!«, wenn ich ihnen erzählte, woran ich gerade arbeite. Bei diesem Buch aber bekomme ich fast nichts anderes zu hören.

Die Welt wird immer schnellebiger. Bald hecheln wir nur noch hinterher, krampfhaft bemüht, mit allem Schritt zu halten. Noch nie war Geduld so wichtig – und noch nie gab es so wenig davon.

Aber das läßt sich ändern. Wenn wir die richtige Einstellung mitbringen und guten Willen, können wir lernen, der Hast und der Eile in unserem Leben mit Geduld zu begegnen. Und wenn ich, ein notorisch nervöser A-Typ, eine extrem leistungsorientierte Frau mittleren Alters, das schaffe, dann schaffen Sie das auch. Der Schlüssel zum Erfolg ist eine Mischung aus Motivation (»ich will!«), Bewußtheit (den inneren Schweinehund im Auge behalten und ihm nicht alles durchgehen lassen) und stetem Bemühen (üben, üben, üben).

Sie können es schaffen, weil Geduld eine menschliche Eigenschaft ist und sich fördern läßt. Die nötigen Grundvoraussetzungen besitzen wir. Wie hätten wir sonst den Schulabschluß bestanden, einen Partner gefunden oder eine Stelle bekommen? Wir achten nur einfach nicht darauf, woran es liegt, daß wir in manchen Dingen Geduld aufbringen und in anderen nicht, und wir wissen nicht, was der Auslöser für unsere Ungeduld ist und wie wir reagieren sollen, wenn uns der Geduldsfaden reißt.

Geduld ist etwas, was man *praktiziert*, nicht, was man hat oder nicht hat. Geduld ist wie ein Muskel. Jeder Mensch hat Muskeln, aber manche Menschen sind kräftiger als andere, weil sie ihre Muskeln trainieren.

Genauso ist es mit der Geduld. Manche Leute scheinen uns im Moment vielleicht geduldiger als wir, aber mit etwas Übung kann jeder mehr Geduld entwickeln. Genau darum geht es in diesem Buch.

Mehr Geduld beleuchtet diese Tugend – wie sie uns nützt, warum sie gerade jetzt so wichtig ist und wie wir lernen können, geduldiger zu werden. Dazu ist ein möglichst breiter Ansatz nötig, und ich greife deshalb auf jahrhundertealte Weisheiten aus aller Welt zurück, lasse aber auch ganz persönliche Erfahrungen einfließen. Hinter dem Ganzen steht mein Bestreben, ein glückliches und erfülltes Leben zu führen und anderen zu helfen, dieses ebenfalls zu tun.

Natürlich begleitet mich dieses Bestreben schon mein ganzes Leben lang. Konkrete Formen nahm es aber erst vor etwa zehn Jahren an, als ich als verantwortliche Redakteurin ein Büchlein mit dem Titel *Little Acts of Kindness* (soviel wie »Kleine Gesten der Aufmerksamkeit«) zusammenstellte. Das erschien mir damals eine nette Idee – machen wir doch auch Fremden einfach einmal eine kleine Freude –, doch als ich mich näher mit der Materie befaßte und erste Rückmeldungen bekam, merkte ich plötzlich, daß ich da auf etwas sehr Wichtiges gestoßen war. Plötzlich wurde ich mit Briefen von Leuten bombardiert, die mir mitteilten, welche Glücksmomente ihnen diese kleinen Liebenswürdigkeiten verschafft hatten, gleichgültig ob sie Gebende oder Empfänger waren. Einen Brief werde ich nie vergessen. Er kam von einem High-School-Schüler, der schrieb, er hätte vorgehabt, sich umzubringen, dann aber hätte er irgendwie unser Buch in die Finger bekommen und sei zu dem Entschluß gelangt, daß das Leben vielleicht doch lebenswert ist.

Der Gedanke, daß man durch kleine Freundlichkeiten solches Glück vermitteln kann, begann mich zu fesseln, und ich machte mich daran, eine Reihe von Büchern zu diesem Thema zu schreiben. Außerdem bemühte ich mich, selber liebenswürdiger zu werden, und zwar sowohl Fremden als natürlich auch den Menschen gegenüber, die mir nahestanden. Und siehe da, wer hätte es gedacht, ich wurde zufriedener und glücklicher.

Dann begann ich mich zu fragen: Wenn Freundlichkeit eine derart positive Wirkung zeigt, welche anderen ganz gewöhnlichen Eigenschaften könnten dann vielleicht ähnliche Reaktionen auslösen? Ich wandte mich der Dankbarkeit zu und merkte plötzlich, daß ich um so glücklicher und zuversichtlicher wurde, je mehr ich das zu schätzen versuchte, was ich bereits hatte. Wieder schrieb ich über meine Erfahrungen, dieses Mal in *Attitudes of Gratitude* (dt.: *Gelebte Dankbarkeit)*, und erneut schien ich einen Nerv getroffen zu haben. Wieder erhielt ich viele Briefe, und diesmal berichteten mir die Menschen von der Macht der Dankbarkeit.

Meine Untersuchungen über Dankbarkeit – das Gefühl, alles, was wir bekommen, bewußt wahrzunehmen – führten fast automatisch hin zur Freigebigkeit – dem Verschenken von materiellen und immateriellen Dingen an andere – in *The Giving Heart* und von da zwangsläufig weiter zur Geduld. Denn je geduldiger wir sind, desto glücklicher, zufriedener und friedfertiger sind wir auch. Selbst dann, wenn uns das Leben einmal ganz anders mitspielt, als wir es gerne hätten.

Mit ein klein wenig mehr Geduld hätte ich die fünf Minuten in dem Copyshop ruhig abgewartet. Ich wäre nicht so aufgebraust, hätte mir Wut und Verärgerung erspart und auch die anderen Leute in dem Laden nicht brüskiert. Mein Blutdruck wäre normal geblieben, mein Immunsystem stark. Ich wäre insgesamt zufriedener gewesen – selbst während der Wartezeit!

Ja, je länger ich mich mit Geduld befasse und mich in derselben übe, desto klarer wird mir, welch gravierende Rolle sie dabei spielt, ob wir glücklich sind oder nicht. Geduld schenkt uns Selbstbeherrschung, die Fähigkeit, innezuhalten und im Hier und Jetzt zu leben. Und aus dieser Position heraus können wir kluge Entscheidungen treffen. Geduld hilft uns, anderen mit mehr Liebe und Verständnis zu begegnen, unsere Lebensumstände gelassener hinzunehmen und uns mit mehr Kraft für das einzusetzen, was wir wollen. Sind wir nur geduldig genug, können wir auch die Früchte der Geduld ernten: gesündere zwischenmenschliche Beziehungen, bessere Arbeit und Seelenfrieden. Geduld bringt dieses Wunder zustande, indem sie drei essentielle Eigenschaften verbindet, die uns über uns selbst hinauswachsen lassen: Beharrlichkeit, Gelassenheit und Akzeptanz.

BLEIB-DRAN-ISMUS ODER DIE MACHT DER BEHARRLICHKEIT

Geduld stattet uns mit der Fähigkeit aus, ausdauernd und unbeirrbar auf unsere Ziele hinzuarbeiten und unsere Träume zu verwirklichen. Jüngste wissenschaftliche Untersuchungen haben ergeben, daß die Wirkung solcher Beharrlichkeit vielen IQ-Punkten entsprechen kann. US-amerikanische Studenten asiatischer Herkunft dürften im Durchschnitt etwa denselben Intelligenzquotienten haben wie ihre weißen Kommilitonen. Da sie aber vielfach bereits von frühester Jugend an Beharrlichkeit gelernt haben, gelten sie als eine Gruppe mit wesentlich höherem Durchschnitts-IQ, und sie sind in den Top-Universitäten und akademischen Berufen deutlich überrepräsentiert.

Vor kurzem las ich ein Interview mit dem Gründer der Zeitschrift *Fast Company*, einem der wenigen Dot-com-Magazine, die auch nach dem Börsencrash noch sehr präsent sind. Er hatte die Idee gehabt, ein Magazin zu machen, das die neuen Ideen unserer Zeit reflektiert, und dieses Ziel verfolgte er trotz gewaltiger Hindernisse. Er belieh sein gesamtes Hab und Gut und reiste kreuz und quer durch die Vereinigten Staaten, um Investoren zu suchen. Ohne Erfolg. Keine Menschenseele bekundete auch nur das geringste Interesse. Aber er war von seiner Idee überzeugt und gab nicht auf. Er hatte buchstäblich alles bis auf den letzten Cent ausgegeben, da knüpfte er die entscheidende Bekanntschaft, die zur Gründung des Magazins führte – und letztlich dazu, daß er es für eine astronomische Summe an ein großes internationales Verlagshaus verkaufen konnte.

Es gibt jede Menge Geschichten über Leute, die, nur weil sie einen langen Atem hatten, schließlich zu großem Ruhm (und Reichtum) kamen. Walt Disney beispielsweise kassierte 302 Absagen, ehe er einen Financier für Disneyland fand. George Lucas steckte sein eigenes Geld in *Star Wars*, weil niemand sonst an seine Vision glaubte. Als der Film in die Kinos kam, war er praktisch pleite. Daß er daran ein gewaltiges Vermögen verdiente, hing letztlich nur damit zusammen, daß niemand irgendwelche Rechte an dem Film hatte kaufen wollen.

Nun ist es natürlich nicht so, daß Geduld und Durchhaltevermögen – und bringe man noch soviel davon auf – die Art von Erfolg garantieren, wie sie Mister Fast Company, Walt Disney oder George Lucas hatten. Aber sie erhöhen die Chancen, daß wir unsere selbstgesteckten Ziele erreichen (wie auch immer diese aussehen mögen), ganz gewaltig.

BLOSS KEINEN STRESS ODER DIE MACHT DER GELASSENHEIT

Geduld schenkt uns auch geistige Ruhe. Bringen wir Geduld auf, gleicht unser Innenleben eher einem stillen Teich als einem tosenden Strom. Anstatt jedesmal wenn das Leben uns Widrigkeiten beschert – ein Flug wird gestrichen, ein Kollege verschwitzt einen wichtigen Termin, der Lebensgefährte verspätet sich untypischerweise und hat das Handy ausgeschaltet –, in Wut, Angst oder Panik zu verfallen, sind wir in der Lage, die Angelegenheit mit dem nötigen Abstand zu betrachten und ruhig zu bleiben.

Diese Haltung bewahrt uns nicht nur davor, der ewige Miesepeter zu sein, der jedermann auf die Nerven geht. Sie verwandelt uns sogar in Menschen, bei denen andere Trost und humorvollen Beistand finden, wenn wieder einmal alles schiefläuft. Der Jesuitenpater und Schriftsteller Anthony de Mello hat diese Einstellung auf den Punkt gebracht: »Alles ist in Ordnung, alles bestens. Es herrscht zwar ein einziges Durcheinander, aber alles ist bestens.«

Geduld hilft uns, innerlich Ruhe zu bewahren, ganz egal, was um uns herum vorgeht. Wir vertrauen auf unsere Fähigkeit, mit allem fertig zu werden, was sich uns in den Weg stellt. Und dieses Bewußtsein gibt uns eine wunderbare Gelassenheit.

Ein Synonym für Geduld ist Selbstbeherrschung. Dieser Satz erinnert mich immer daran, daß, wer Geduld hat, auch sich selbst im Griff hat. Jeder Mensch ist für sich selbst verantwortlich. Es obliegt allein uns selbst, wie wir auf ein Ereignis reagieren – ob wir uns von unseren Gefühlen mitreißen lassen und völlig aus dem Ruder laufen oder ob wir auch bei stürmischster See unser inneres Gleichgewicht bewahren und unbeirrt weiter in die gewünschte Richtung steuern.

SCHON OKAY ODER DIE MACHT DER AKZEPTANZ

Geduld verleiht uns obendrein die Fähigkeit, Stolpersteine elegant aus dem Weg zu räumen und den Herausforderungen des Lebens mit Mut, Stärke und Optimismus zu begegnen. Berufliches Versagen, Enttäuschungen in Liebesangelegenheiten, eine schwere Behinderung, Geldsorgen – das ist nur eine kleine Auswahl der Prüfungen, die das Leben möglicherweise irgendwann für uns bereithält. Geduld zeigen heißt in so einem Fall nicht, daß man dasitzt und alles gelassen hinnimmt. Es heißt vielmehr akzeptieren, daß auch so etwas zum Leben gehört. Und daß es die Sache nur verschlimmert, wenn wir uns darüber grämen, zu Bitterkeit, Rache oder Selbstmitleid hinreißen lassen und jede Hoffnung begraben. Anstatt in wehleidiges Jammern und Klagen zu versinken, krempeln wir die Ärmel hoch und machen uns an die Arbeit.

Geduld in Form von Akzeptanz versetzt uns auch in die Lage, Mitgefühl für andere zu entwickeln. Wir wissen schließlich, daß jeder Mensch Schwächen hat. Geduld gibt uns die emotionale Stärke, auch unter Druck liebenswürdig und mitfühlend zu bleiben.

Wenn Sie sich um einen älteren, pflegebedürftigen Menschen kümmern, der nie ein Wort des Dankes äußert, wenn Sie einem lebhaften Zweijährigen zum 47. Male erklären, daß er nicht auf den Möbeln herumturnen soll, dann üben Sie sich in Geduld. Das heißt, Sie fügen sich in Situationen, denen Sie zwar lieber aus dem Weg gingen, es aber nicht tun in dem Wissen, daß dafür Menschen verantwortlich sind, die, genau wie Sie selbst auch, Fehler haben und im Grunde doch einfach nur glücklich sein möchten.

Indem wir andere Menschen so annehmen, wie sie nun einmal sind, und auch das Leben akzeptieren, mit all seinen Höhen und Tiefen, beweisen wir menschliche Größe. Es ist nicht schwer, Akzeptanz zu zeigen, wenn alles glattläuft. Aber wer Geduld übt, auch wenn sich die Dinge anders entwickeln als gewünscht, der tritt als strahlender Held und Sieger hervor.

Rufen Sie sich einmal einen Augenblick ins Gedächtnis zurück, als Sie echte Geduld gezeigt haben. Wie waren die äußeren Umstände? Haben Sie eine brisante Situation entschärft? Einem Menschen, an dem Ihnen viel liegt, einen Gefallen getan? Was war das für ein Gefühl? Woran lag es, daß Sie in diesem speziellen Fall soviel Geduld aufbringen konnten? Was waren die Folgen?

Und jetzt denken Sie einmal an eine Gelegenheit, als jemand mit Ihnen Geduld hatte. Wie hat der- oder diejenige sich Ihnen gegenüber verhalten? Was war das für ein Gefühl? Welchen Gewinn haben Sie daraus ziehen können?

Weil Geduld eine so unglaublich wertvolle Tugend ist, bieten uns sämtliche Religionen jeweils ein Vorbild an. Buddhisten lernen, daß die Geduld Buddhas zu praktizieren einer der Wege ist, Erleuchtung zu erlangen, und im Koran zählt Geduldigsein zu den 99 göttlichen Attributen. Im Alten Testament verkörpert Hiob beispielhafte Geduld, während sich Christen vom Leben und der Opferbereitschaft Jesu leiten lassen sollen.

Eben weil Geduld eine so wichtige Tugend ist, haben Sie unter Garantie schon öfter zu hören bekommen, doch bitte sehr ein bißchen »mehr Geduld« zu haben. Vielleicht sagen Sie das ja sogar sich selbst oder Ihren Kindern. (Ich jedenfalls tue das.) Aber hat es jemals funktioniert? Höchstwahrscheinlich eher nicht. Nun ist es leider nicht sonderlich effektiv oder sinnvoll, sich etwas vorzunehmen, es aber nicht umzusetzen. Ja, genaugenommen fühlen wir uns hinterher dann nämlich noch schlechter.

Ungeduld ist eine Angewohnheit, genauso wie Geduld. Um mit einer lieben alten Gewohnheit zu brechen, braucht es eine starke Motivation. Die allerdings kommt quasi von selbst, wenn man weiß, daß mit dem neuen Verhalten eine Belohnung verbunden ist. Deshalb beginnt dieses Buch mit einem Kapitel darüber, »was sich mit Geduld alles erreichen läßt«. Als nächstes brauchen wir einen Motivator, der den geplanten Wandel unterstützt. Das Kapitel »Geduld ist eine Geisteshaltung« vermittelt Ihnen die richtige Einstellung, um das Vorhaben auch in die Tat umzusetzen. Und schließlich brauchen wir die Werkzeuge des Wandels. Wir müssen uns mit neuen Verhaltensweisen vertraut machen und beobachten, wie sie sich auf unser Leben auswirken. In dem Teil »Angewandte Geduld« finden Sie eine ganze Reihe von Vorschlägen, wie man diese zentrale Tugend fördern und pflegen kann, insbesondere in nervtötenden Alltagssituationen wie: Schlangestehen an der Supermarktkasse, Kinderhüten, Umgang mit alten Eltern, »rote Welle«, Autofahren im Schneckentempo, Warteschleife am Telefon oder Warteschleife in der Liebe.

Dieses Buch will in Ruhe gelesen werden. Nur dann kann es Sie zu dem gewünschten Ziel bringen. Allerdings rate ich Ihnen, das Üben nicht zu ernst zu nehmen – vor allem dürfen Sie nicht das Gefühl haben, jede einzelne Anregung aufgreifen zu müssen. Erfahrungsgemäß fängt man dann nämlich gar nicht erst an. Suchen Sie sich zum Einstieg ein oder zwei aus, die Sie spontan ansprechen. Ich biete eine breite Auswahl, weil ich nicht weiß, was bei Ihnen persönlich am besten funktioniert. Das Ganze ist Arbeit an der Seele genauso wie intellektuelles Training, und es braucht viel Übung und Zeit – und Geduld.

Ich arbeite jetzt schon seit mehreren Jahren daran, geduldiger zu werden, und immer noch gibt es Situationen, bei denen ich glatt in die Luft gehe.

Sie werden über diese Ausfälle lesen und auch darüber, was ich gerade lerne. Schließlich bin ich weiß Gott kein Experte auf dem Gebiet. Betrachten Sie mich also lieber als einen Mitreisenden, der dasselbe Ziel anpeilt.

Ich biete Ihnen an, gemeinsam Neuland zu betreten und – mittels Geduld – Wege zu finden, emotional gefestigter zu werden, stärker und liebevoller. Wege zu finden, wie man mit allen Widrigkeiten des Lebens besser fertig wird.

Wenn wir nur die nötige Geduld aufbringen, können wir unser Leben selbst in die Hand nehmen. Geduld bringt uns immer wieder zurück auf den Boden der Tatsachen und sorgt zugleich dafür, daß wir zufrieden sind mit dem, was wir sind und was wir haben. Geduld macht uns glücklicher, weist uns den Weg zum Erfolg und schenkt uns mehr Zeit für unsere Prioritäten und größeren Seelenfrieden – und zwar jeden Tag. Wer könnte einer solchen Verlockung schon widerstehen?

Es ist mein Wunsch und meine Hoffnung, daß dieses Buch Ihnen dabei hilft, mehr Geduld zu entwickeln, und daß Ihre Anstrengungen und meine zusammenwirken und langfristig auch im Großen etwas bewirken. Denn wenn wir uns alle zusammentun und gemeinsam die Macht der Geduld nutzen und klug einsetzen, dann wüßte ich kein Problem, das man damit nicht in den Griff bekommen könnte – früher oder später.

2

Was sich mit Geduld alles erreichen lässt

»Wenn es irgend etwas gibt, das der Seele wahre Größe verleiht, dann ist es Geduld. Was war das Geheimnis der Meister, die Großes geschaffen haben, die viele inspiriert und vielen geholfen haben? Ihr Geheimnis war Geduld.«
Inayat Khan

Bevor wir uns die Mühe machen, etwas zu lernen, wollen wir verständlicherweise wissen, ob sich der Aufwand überhaupt lohnt. Diese Frage ist keineswegs zynisch, sondern entspringt echter Neugier. Etwas zu lernen erfordert Motivation und Einsatz, das heißt, wir müssen wissen, ob sich die ganze aufgewendete Zeit und Energie letztlich auszahlt. Schauen wir uns deshalb zunächst einmal an, welche Belohnungen uns erwarten, falls wir den Entschluß fassen, uns in mehr Geduld zu üben.

Wer Geduld hat, kann Herausragendes leisten

»Talent ist lange Geduld.«
Gustave Flaubert

Jedes Kind kennt die Geschichte der Glühbirne, aber wußten Sie, daß Thomas Edison auch den Aktienticker, das Tonaufzeichnungsgerät, den Telegraphen, die elektrische Grubenlampe und den Phonographen erfunden hat?

Und während er mit der Kohlenfadenlampe kämpfte, soll er gesagt haben: »Ich habe nicht siebenhundertmal versagt. Ich habe nicht ein einziges Mal versagt. Ich habe vielmehr bewiesen, daß diese siebenhundert Möglichkeiten nicht den gewünschten Erfolg bringen. Sobald ich die Möglichkeiten eliminiert habe, die nicht funktionieren, werde ich einen Weg finden, der funktioniert.«

Ich beschäftige mich jetzt schon ein paar Jahre mit Geduld, aber der Zusammenhang zwischen dieser Tugend und herausragenden Leistungen ist mir erst vor wenigen Monaten aufgegangen. Eric Hoffer hat es folgendermaßen formuliert: »Jedem wahren Talent ist das Wissen immanent, daß jede Errungenschaft von Schwierigkeiten begleitet ist, aber auch die Zuversicht, daß sich mit Ausdauer und Geduld etwas Wertvolles verwirklichen läßt. Talent ist folglich nichts anderes als eine Art dynamischer Energie.« Dasselbe dürfte wohl der Naturhistoriker George-Louis Leclerc de Buffon gemeint haben, als er schrieb: »Genie ist nichts anderes als eine besondere Begabung zur Geduld.«

Was diese Denker meinen, ist, daß Schöpferkraft gepflegt werden will. Ungeschliffenes Talent bringt uns nur ein gewisses Stück weit; wer weiterkommen, wirklich brillieren will, muß sich dahinterklemmen – egal, ob es dabei um die Erfindung der Glühbirne geht oder um Malerei, Dichtkunst, Computer-Know-how, Golfspiel oder Kindererziehung. Praktisch alles, worin wir theoretisch wirklich gut werden könnten, verlangt Hingabe und Ausdauer. Und das ist nur möglich, wenn wir Geduld haben, was unsere Fortschritte anbelangt, gleichgültig, wie langsam diese vonstatten gehen. Und wenn wir nicht aufgeben.

Eine jüngst durchgeführte Studie belegt dies. Wissenschaftler an der University of Florida fanden heraus, daß es im Schnitt zehn Jahre dauert, um auf einem Gebiet zum Experten zu werden. Wenn das kein Geduldsspiel ist!

Vor einigen Jahren hat das Meinungsforschungsinstitut Gallup eine Untersuchung zum Thema herausragende Leistungen durchgeführt. Zwei Millionen Menschen wurden befragt, und das Ergebnis war, daß Leute, die Herausragendes leisten, nicht nur genau wissen, wo ihre Stärken liegen, sondern sich darin auch ständig üben. Sie verschwenden keinen Gedanken auf ihre Schwächen, sondern arbeiten so lange an ihrer ganz persönlichen Kombination von Stärken, bis sie diese optimiert haben. (Übrigens gibt es dieser Studie zufolge 33 Millionen mögliche Kombinationen, was heißt, daß *Ihre* persönliche Konfiguration eine von 33 Millionen ist. Und das wiederum bedeutet, daß Sie – Geduld und Ausdauer vorausgesetzt – auf einem ganz speziellen Gebiet der absolute Star sein können.)

Wie guter Wein, der mit zunehmendem Alter immer besser und edler wird, brauchen auch wir Zeit und Geduld, um unser Potential voll ausschöpfen zu können. Geduld eröffnet uns die Möglichkeit, unsere ganz persönliche Genialität zur Geltung zu bringen. Und das ist nichts Geringes. Denn die Welt braucht das Beste, was jeder einzelne zu geben vermag, sehr, sehr dringend.

Wer Geduld hat,
lebt nach dem Rhythmus der Natur

»Die Geduld zu warten ist möglicherweise die höchste Weisheit überhaupt: die Weisheit, den Samen zu pflanzen und den Baum Früchte tragen zu lassen.«
John MacEnulty

Über meine Arbeit als Beraterin lernte ich eine Frau kennen, nennen wir sie Meredith, die ihr ganzes Leben lang dem amerikanischen Traum nachgejagt war. Sie hatte eine Eliteuniversität besucht, einen Job mit sechsstelligem Jahresgehalt gefunden und es auf der Karriereleiter bis ins obere Management geschafft. Dann aber, mit Mitte Vierzig, zog sie Bilanz über ihre bisherigen Leistungen, und sie erschienen ihr leer und nichtig. Nichts außer ihrer Rolle als Mutter und Ehefrau schien von Bedeutung. Sie kündigte ihre Stelle und wandte sich an mich, um herauszufinden, was sie aus ihrem Leben machen sollte.

Mit als erstes half ich ihr zu erkennen, daß Menschen, genau wie alle Lebewesen, gleichsam die Jahreszeiten durchlaufen. Da ist der Frühling der neuen Möglichkeiten, wenn alles aufregend und frisch erscheint. Da ist der Sommer der Erfüllung, wenn man voller Energie und Kreativität steckt. Da ist aber auch der Herbst der Ernüchterung, wenn man anfängt, das Interesse zu verlieren. Und schließlich der Winter der Unzufriedenheit, wenn man sich leer fühlt und Angst bekommt, nie wieder voll am Leben teilzuhaben. Meredith war mitten in ihrem Winter.

Dies ist ein natürlicher Prozeß, den jeder Mensch durchmacht. Aber weil wir so sehr daran gewöhnt sind, uns unabhängig zu sehen, losgelöst von der Natur, sind wir uns dieses Kreislaufs nicht (mehr) bewußt. Deshalb versuchen wir krampfhaft, am Sommer festzuhalten, und nehmen Medikamente, lenken uns ab oder tun wer weiß was, damit es nur ja nicht Herbst oder Winter wird.

Dabei ist dieser Kreislauf unabdingbarer Teil des Wachstumsprozesses – für uns Menschen nicht weniger als für Krokusse und Gurken. Und wenn wir es nicht zulassen, alle Jahreszeiten zu durchleben, dann werden wir niemals wachsen. Denn nur indem wir überholte Lebensweisen, alte Prioritäten und Sorgen ablegen, schaffen wir Raum für Neues.

Jeder Gärtner wird Ihnen sagen, daß der Kreislauf der Natur Geduld verlangt. Sie können nicht einen Samen pflanzen und erwarten, daß er am nächsten Tag blüht. Und der Prozeß läßt sich auch nicht beschleunigen. Es bringt nichts, wenn Sie an den Blättern ziehen oder an einer Knospe herumzupfen. Selbst das rasch wachsende Radieschen braucht seine Zeit.

Genauso ist es beim Menschen. Wenn wir uns in Geduld fassen, kommen wir viel eher in Einklang mit den Lebensrhythmen der Natur. Wir erinnern uns an alte Volksweisheiten wie »Gut Ding will Weile haben« und »Für alles gibt es eine Zeit«. Und wir hören auf, etwas vom Leben einzufordern, was es uns im Moment nicht zu geben vermag. Der Winter dauert seine Zeit, aber er endet auch wieder – genauso aber eben auch der Sommer. Das ist der Lauf der Natur.

Genau das erzählte ich Meredith, als sie mich eines Tages verzweifelt fragte, wann ihr innerer Winter denn endlich vorüber sei. Ich antwortete, das wisse ich nicht, aber ich wisse, daß er vorübergehen werde und daß es Dinge gebe, die sie – genau wie ein Gärtner – tun könne, um sich auf den Frühling vorzubereiten. Zum Beispiel herausfinden, was ihr wirklich wichtig war, welche Talente sie besaß und welches Erbe sie hinterlassen wollte. Winter ist die ideale Zeit, um sich auf Kommendes vorzubereiten, selbst wenn man noch nicht genau weiß, wie es aussehen wird.

Meredith kam etwa ein Jahr lang zu mir. Sie arbeitete konsequent an sich und bemühte sich, Geduld zu lernen. Schließlich begeisterte sie sich für eine neue Geschäftsidee und machte sich daran, diese in die Tat umzusetzen. Und dann fand ich eines Tages in der Post einen Brief von ihr. Es war eine dieser Glückwunschkarten mit einem angehängten Tütchen Blumensamen. Dazu hatte sie geschrieben: »Danke, daß Sie weiter an einen neuen Frühling geglaubt haben, als ich es nicht mehr konnte. Diese Samen stehen stellvertretend für die, die ich mit Ihrer Hilfe gefunden habe, als ich schon jede Hoffnung aufgegeben hatte.«

Wir sind lebende Geschöpfe, Teil der Natur, und als solche genauso ihren Zyklen unterworfen wie die mächtigste Eiche und der kleinste Laubfrosch. Geduld hilft uns, diese Verbindung zu erkennen und zu spüren.

Wer Geduld hat, trifft die besseren Entscheidungen

»Geduld, Vernunft und Hafergrütze,
die sind zu allen Dingen nütze.«
Holländisches Sprichwort

Es war mitten in der Nacht. Meine zweijährige Tochter Ana hatte hohes Fieber. Wir hatten ihr Medizin gegeben und sie zu uns ins Bett geholt, wo sie auf der Besucherritze schlief. Eine halbe Stunde später wachte sie auf und weinte. Mich packte die Panik, und ich schrie meinen Mann an, er solle sofort das Thermometer aus dem (etwa drei Meter entfernten) Bad holen. Don stand langsam auf, ging gemächlichen Schrittes ins Bad und zurück und maß in aller Ruhe ihre Temperatur. Sie war nicht gestiegen. Meine schon – ich war auf 180!

Kaum war Ana wieder eingeschlafen, da fauchte ich leise meinen Mann an: »Ich kann es einfach nicht fassen, daß du dich so langsam bewegt hast. Das war ein Notfall! Du würdest dich nicht mal beeilen, wenn dein Leben oder das deiner Tochter davon abhinge!«

Er blieb ganz beherrscht. »Sie war hysterisch, und du warst halb verrückt vor Angst. Ich dachte, es wäre das beste, wenn wenigstens ich einen kühlen Kopf bewahre. Wenn ich gerannt wäre, hätte ich das Thermometer auch nicht schneller gehabt, und die Aufregung wäre noch größer gewesen. Auch so hat das Ganze doch nicht einmal eine Minute gedauert.«

Ich betrachtete ihn. Er war ruhig, konzentriert. Und ich? Das Herz schlug mir bis zum Hals, ich war in Angstschweiß gebadet und kurz davor, in Tränen auszubrechen. Selbst in meinem Erregungszustand erkannte ich, daß von uns beiden mit Sicherheit Don derjenige war, der mit einem akuten Notfall besser umgehen würde. Ich wußte aus meiner Zeit in der Notaufnahme, als ich mit allen möglichen blutigen Unfällen konfrontiert war, daß es ungleich besser ist, in Krisensituationen die Ruhe zu bewahren, als in heller Aufregung herumzurennen. In letzterem Fall wird nämlich das rationale Denken von Gefühlen umnebelt, und man ist nicht mehr in der Lage, einen klaren Gedanken zu fassen. Geschweige denn vernünftige Entscheidungen zu treffen.

Hätte ich Geduld bewahrt und keinen Panikanfall bekommen, hätte ich Ana in diesem Moment sehr viel besser helfen können. Ich hätte viel klarer entscheiden können, ob sie schnellstmöglich ins Krankenhaus gehörte oder einfach nur in den Arm genommen werden wollte. Anstatt 60 Sekunden zu warten, um den Tatbestand zu erfahren – ihr Fieber war nicht gestiegen –, hatte ich mich total in meine Angst hineingesteigert und von blinder Panik überrollen lassen.

Wer Geduld hat, trifft die besseren Entscheidungen, weil Geduld dafür sorgt, daß keine Schreckensszenarien das Urteilsvermögen trüben. Am Ende dieses wunderbaren Films *Die fabelhafte Welt der Amelie* gibt es diese herrliche Szene, wo sie sich endlich zu dem Mann bekennt, den sie liebt, und ihm eine Nachricht schickt mit der Bitte, sie zu einer bestimmten Zeit an einem bestimmten Ort zu treffen. Doch er erscheint nicht. Amelie kommt zu dem Schluß, daß es dafür nur zwei Gründe geben kann: Entweder er hat a) ihre Botschaft nicht erhalten, oder b) er wurde von einem Auto oder Zug überfahren, erschossen, entführt oder nach Afghanistan verschleppt, wo er allein auf einem Berggipfel endet. Das ist deshalb ein so großartiges Szenario, weil jeder von uns sich in diese Situation hineinversetzen kann. Sich einzureden, es sei etwas ganz Furchtbares passiert, ist typisch menschlich – beeinträchtigt aber unsere Fähigkeit, klar zu denken und die richtige Entscheidung zu treffen.

Haben wir jedoch Geduld, gehen wir das Leben anders an. Wir sagen uns: Etwas geschieht, und natürlich kann es auch schlecht ausgehen, aber das steht noch keineswegs fest. Egal ob trauriger Ausgang oder Happy-End, ich werde damit fertig. Mich darüber aufzuregen und aus der Fassung bringen zu lassen hilft überhaupt nichts, sondern macht die Sache höchstens noch schlimmer. Vor allem, wenn ich voreilig handle. Wie hat Mark Twain es einmal so treffend formuliert: »Die ärgsten Schwierigkeiten in meinem Leben waren die, die niemals eingetreten sind.«

Natürlich weiß ich nicht, wie das bei Ihnen ist, aber ich habe sehr viel Zeit damit verbracht, mir über Dinge Sorgen zu machen, die niemals eintraten, weil ich nicht in der Lage war, ruhig abzuwarten, wie sich die Situation entwickeln würde. Deshalb ist es eine so große Erleichterung, wenn ich merke, daß ich immer ruhiger werde, je mehr Fortschritte ich im Geduldüben mache. Und je ruhiger ich bin, desto besser kann ich die Tatsachen abschätzen und mir und meinem Umfeld unnötige Sorgen ersparen.

Selbst wenn Geduld mir keine anderen Vorteile brächte als die Fähigkeit, vor allem in Krisensituationen klügere Entscheidungen zu treffen, dann hätte sich der Aufwand für mich gelohnt.

Wer Geduld hat, hat auch Hoffnung

»Geduld ist die Kunst des Hoffens.«
Luc de Vauvenargues

Für seinen Kampf gegen die Apartheid saß Nelson Mandela 27 Jahre im Gefängnis. In all diesen Jahren, trotz aller Erniedrigungen und Mißhandlungen (bei seiner Einlieferung ins berüchtigte Zuchthaus von Robben Island urinierten die Wachen auf ihn und höhnten: »Hier kommst du nicht lebend raus!«) wurde er doch niemals bitter gegen die Weißen. Niemals gab er seinen Traum auf von einem Südafrika, in dem Schwarze und Weiße frei und gleichberechtigt nebeneinander leben konnten. Und er gab niemals die Hoffnung auf, eines Tages freizukommen.

Er war überzeugt, so schrieb er rückblickend, »eines Tages wieder Gras unter meinen Füßen spüren und als freier Mann im Sonnenschein spazierengehen zu können«.

In Nelson Mandelas Volk ist es Brauch, daß der Großvater die Namen seiner Enkel bestimmt, und als seine älteste Tochter, die er fast 20 Jahre nicht gesehen hatte, ein kleines Mädchen bekam, taufte er sie Azwie – Hoffnung. »Dieser Name hatte eine besondere Bedeutung für mich«, schreibt er in seiner Autobiographie *Der lange Weg zur Freiheit*, »denn all die Jahre, die ich im Gefängnis verbrachte, hat mich die Hoffnung nie verlassen – und jetzt würde sie es nie mehr tun. Ich war überzeugt, dieses Kind würde einer neuen Generation von Südafrikanern angehören, für die Apartheid nur mehr eine ferne Erinnerung wäre …«

Nach 10 000 Tagen in Haft, mit 71 Jahren, kam Nelson Mandela endlich frei. Er schaffte es, Südafrika auf den Weg zu einer wahren Demokratie zu führen, ohne daß Weiße von Schwarzen blutig niedergemetzelt wurden, wie die weiße Minderheit es befürchtet hatte. Nie hatte er die Hoffnung aufgegeben, stets hatte er an die Barmherzigkeit eines jeden Menschen geglaubt.

Die Lebensgeschichte von Nelson Mandela ist eines der wunderbarsten Beispiele für die Macht der Geduld. Mit Ruhe und Ausdauer trug er ganz wesentlich zur Realisierung eines Traumes bei – nicht nur für sich selbst, sondern auch für die 43 Millionen schwarzen und weißen Einwohner Südafrikas. In seiner Antrittsrede als Präsident würdigte er die einfachen, bescheidenen Menschen seines Landes. Mit Ruhe und Geduld, aber auch Entschlossenheit hätten sie dieses Land für sich zurückgewonnen. Dasselbe trifft auch auf ihn zu.

Unter extremem Druck konnte Nelson Mandela Kraft schöpfen aus etwas, das tief im menschlichen Geist verankert ist: der Fähigkeit zu hoffen. Nur Hoffnung nämlich erlaubt es uns, geduldig auf ein Ziel hinzuarbeiten, das wir möglicherweise niemals zu sehen bekommen.

Hoffnung bedeutet, laut Römerbrief 8,25, auf etwas zu warten, das man noch nicht sieht. Hoffnung gibt uns die nötige Geduld, auf das hinzuwirken, was wir im Leben erreichen wollen – auf das Examen lernen, ein Buch schreiben, den Garten bepflanzen –, weil wir auf die Möglichkeit vertrauen, daß unser Unterfangen von Erfolg gekrönt sein wird. Ohne Hoffnung würden wir gar nicht erst anfangen, weil uns die emotionalen und geistigen Mittel fehlen würden, die nötige Kraft aufzubringen und das Ergebnis abzuwarten.

Wissenschaftliche Untersuchungen bestätigen die Verbindung zwischen Hoffnung und Geduld. Studenten, die ihr Studium mit besonders großen Hoffnungen beginnen, schneiden bei der Zwischenprüfung deutlich besser ab als ihre weniger hoffnungsvollen Kommilitonen, auch wenn diese vergleichbare

Grundvoraussetzungen haben und dieselben intellektuellen Fähigkeiten mitbringen. Der Grund dafür ist Ausdauer – die durch Hoffnung bedingte Bereitschaft, niemals aufzugeben. Bei einer anderen Studie stellte man zuversichtlichen und weniger zuversichtlichen Studenten dieselbe hypothetische Frage: »Sie hatten vor, diesen Kurs mit einer 2 abzuschließen. Bei der ersten Prüfung, die 30 Prozent der Endnote ausmacht, bekamen Sie nur eine 4. Was machen Sie?« Die zuversichtlichen Studenten kamen mit allen möglichen Ideen daher, wie sie ihren Durchschnitt verbessern könnten. Die weniger zuversichtlichen warfen das Handtuch.

Iyanla Vanzant ermahnt uns, immer daran zu denken, daß eine Verzögerung nicht automatisch eine Absage bedeutet. Aufgeschoben ist nicht aufgehoben, weiß auch der Volksmund.

Was wünschen Sie sich wirklich? Ist Ihr Ziel es wert, darauf zu hoffen? Wenn wir Geduld haben, fällt uns das Warten leichter. Wir verlieren nicht so schnell die Hoffnung. Und irgendwann hat auch der längste dunkle Tunnel ein Ende, und wir sehen wieder Licht.

Wer Geduld hat, lebt länger – und streßfreier

»Ihre Biographie wird zu Ihrer Biologie.«
Carolyn Myss

Eine Freundin von mir kam zum Abendessen. Als Beraterin des Vorstandsvorsitzenden eines internationalen Konzerns hatte sie einen ungeheuer stressigen und anspruchsvollen Job – den sie gerade aufzugeben beschlossen hatte. »Das bringt mich noch um«, vertraute sie mir an. »Mein Blutdruck geht überhaupt nicht mehr runter, und ich fühle mich total ausgebrannt. Ich habe die Symptome so lange ignoriert, wie es nur ging, aber dann war ich an einem Punkt, wo mein Körper einfach nicht mehr mitspielte. Als ich dann kaum mehr laufen konnte, weil mein rechtes Bein taub war, wurde ich endlich hellhörig. Ich bin bloß noch am Kämpfen [mit dem Chef] und versuche das durchzuboxen, was ich für richtig halte. Und er ignoriert meine Empfehlungen einfach. Ich kann nicht mehr, und ich mag nicht mehr!«

Obwohl ich lange recherchiert habe, fand ich nirgendwo eine Studie über die psychologischen Auswirkungen von Geduld. Über die Auswirkungen von Ungeduld freilich gibt es jede Menge Material, insbesondere über Streß und Verärgerung. Wissenschaftliche Untersuchungen belegen, daß Menschen, die sich häufig ärgern, anderthalbmal so häufig Krebs bekommen und das vier- bis fünffache Risiko einer Herzerkrankung haben wie andere. Zu den biologischen Auswirkungen von Ärger und

Streß zählen ansteigende Herzfrequenz, Bluthochdruck und Überproduktion von Magensäure – und zwar ganz gleich, ob man seinen Ärger hinunterschluckt oder ihm Luft macht.

Wenn Sie Dampf ablassen, wird Ihr Gehirn sogar noch mehr in Anspruch genommen, denn dann schickt es die Streßhormone Adrenalin und Cortisol in Ihre Blutbahn, um Sie für die offenbar bevorstehende körperliche Auseinandersetzung fit zu machen. Dies, so haben Mediziner herausgefunden, schwächt das Immunsystem, insbesondere die T-Zellen, die wichtigsten Infektionsbekämpfer, über die der menschliche Körper verfügt. Die Muskeln kontrahieren, die Blutgefäße verengen sich, und das Herz muß viel härter arbeiten, um das Blut durch den Körper zu pumpen. Daher das Herzklopfen.

Im umgekehrten Fall, wenn Sie also ruhig und gelöst sind, schaltet sich dieses sogenannte Fluchtsystem ab. Die Muskeln entspannen sich, die Blutgefäße werden weiter, der Blutdruck sinkt, und die Herzfrequenz verlangsamt sich. Ihre körpereigenen Abwehrkräfte funktionieren wieder. Das Immunsystem kann die nötige Anzahl von T-Zellen produzieren, die Krankheiten abwehren und dazu beitragen, daß Sie länger leben und gesund bleiben.

Geduld versetzt uns in die Lage, auch in Streßsituationen Ruhe zu bewahren. Gleichgültig, ob es der äußere Streß einer hektischen Lebensführung ist oder der innere Streß heruntergeschluckten Ärgers. Geduld nimmt den Fuß vom Gaspedal Ihres Nervensystems und sorgt für Entspanntheit. In seinem Buch *Why Zebras Don't Get Ulcers* (dt.: *Warum Zebras keine Migräne kriegen)* weist der Biologe Robert Sapolsky darauf hin, daß Abwehr- und Fluchtreaktion für das Überleben wichtig ist – dank ihrer können wir beispielsweise vor Gefahren davonrennen. Aber unser Körper ist auf kurzzeitige Belastung ausgerichtet, nicht auf chronischen Streß.

Wenn man unseren heutigen Lebensstil anschaut, erleben wir praktisch ständig Streßsituationen – Autofahren im Stadtverkehr, Termindruck in der Arbeit, Knatsch und Reibereien in der Familie –, die unseren Körper großen Belastungen aussetzen.

Deshalb ist Gedulddüben mit das Beste, was wir für unsere Gesundheit tun können. Je lockerer wir die Widrigkeiten des Lebens und die Launen unserer Mitmenschen wegstecken, desto weniger Streß setzen wir uns aus. Und wenn das einen Besuch im Fitneßstudio pro Woche weniger bedeutet – wäre das nicht herrlich?

Wer Geduld hat, verschwendet weniger Zeit, Energie und Geld

»Mit Zeit und Geduld wird aus dem Maulbeerblatt
ein Seidengewand.«
Chinesisches Sprichwort

Vor vielen Jahren bauten der Mann, mit dem ich damals zusammenlebte, und ich auf einem Hanggrundstück ein Haus. Genaugenommen baute er das Haus, während ich arbeiten ging und Geld verdiente. Das einzige, was er nicht selbst machte, war das Fundament. Bei der Wahl des Bauunternehmers, den wir damit beauftragten, hatten wir jedoch leider kein glückliches Händchen. Weil er es eilig hatte und das Ganze noch vor Beginn der naßkalten Jahreszeit über die Bühne bringen wollte, setzte er es an eine andere Stelle des Grundstücks und hielt auch die vereinbarten Maße nicht ein. Und weil auch wir es eilig hatten und loslegen wollten, überprüften wir es nicht.

Wenn Sie heute zu diesem Haus kommen, sehen Sie eine zwölf Meter hohe Mauer – mit einer großen Stufe auf etwa einem Drittel der Höhe, die der Tatsache Rechnung trägt, daß das Fundament nicht im Lot war. Dieser Fehler kam uns teuer zu stehen; sowohl im Hinblick auf die Ästhetik als auch auf den Ärger mit den Nachbarn, weil das Haus nicht an der Stelle stand, wo es laut Plan hätte stehen sollen. Die Folge waren jahrelange Streitereien, die uns sehr viel Zeit, Geld und Energie kosteten.

Das war ein gewaltiger Fehler, an dem ausschließlich Mangel an Geduld die Schuld trug. Doch natürlich passieren mir laufend auch kleinere. Ich tue irgend etwas übereilt, versuche, einen Prozeß abzukürzen, und mache prompt einen Fehler, der mich zwingt, wieder ganz von vorne anzufangen.

Gerade gestern abend ist es mir wieder passiert: In meiner üblichen Hektik rührte ich eine Mangosauce fürs Abendessen an. Die letzte Zutat war Salz. Da ich nicht aufpaßte, gab ich viel zuviel hinein. Ich mußte die ganze Sauce wegschütten und noch mal von vorn anfangen. Klar, daß ich mich maßlos ärgerte, soviel Zeit vertan zu haben. Noch mehr aber ärgerte ich mich über mich selbst – weil ich wieder einmal keine Geduld gehabt hatte.

Das war ein dummer Fehler, der mich vielleicht zehn Minuten und ein paar Dollar kostete. Aber wieviel Zeit und Geld verlieren wir, wenn wir all diese Kleinigkeiten zusammenrechnen? Da fällt mir die NASA ein. Die hatten es mit einem Projekt auch so immens eilig, daß es niemandem auffiel, daß ein Teil der Berechnungen in Zentimeter und ein anderer in Inch ausgeführt worden war. So passierte es, daß ein mehrere Milliarden Dollar teurer Satellit meilenweit an seinem Ziel vorbeiflog. Auweia!

Heutzutage legen wir alle so viel Wert auf Geschwindigkeit, daß inzwischen selbst solche massiven Irrtümer achselzuckend hingenommen werden. Denken Sie nur an die Medien, die bereits Schlußfolgerungen veröffentlichen, bevor noch alle Fakten vorliegen. Denken Sie an die letzten Wahlen, wo es die Fernsehsender gar nicht erwarten konnten, einen Gewinner zu verkünden, die Hochrechnungen aber immer wieder korrigiert werden mußten und letztlich fast ein Überraschungssieger hervorging.

Software-Hersteller geben Programme in den Handel, von denen sie wissen, daß sie noch fehlerhaft sind. Lieber nehmen sie reihenweise Kundenbeschwerden in Kauf, als die zusätzliche Zeit zu investieren, die nötig wäre, um wenigstens die offensichtlichsten Mängel zu eliminieren. Warum sie das tun? Weil ungeduldige Investoren dafür sorgen, daß ihr Aktienkurs in den

Keller rauscht, falls sie es wagen sollten bekanntzugeben, daß sie einen Termin nicht einhalten können.

Ungeduld kann uns auch körperlich schaden. »Jedesmal, wenn ich mich irgendwie verletze«, so schrieb mir eine Frau, »kann ich genau rekonstruieren, daß es passiert ist, weil ich in Zeitnot war. Ich verknackste mir den Knöchel, als ich zum Bus rannte. Ich verrenkte mir das Kreuz, als ich mich im Fitneßstudio abhetzte, um zehn Minuten eher ins Büro zu kommen. Beide Verletzungen kosteten mich letztlich unendlich viel mehr Zeit als die paar Minuten, die ich durch die Hetzerei einzusparen hoffte.«

Achten Sie einmal darauf, ob es Ihnen nicht ähnlich geht. Man muß sich der Problematik bewußt sein, um aus dem Teufelskreis ausbrechen zu können. Aber es hat auch Vorteile. Im Englischen gibt es ein uraltes Sprichwort, das die Sache auf den Punkt bringt. »Haste makes waste« heißt es, in der Eile geht alles schief. Und das ist heute noch genauso wahr wie damals, als dieser Spruch geprägt wurde. Der Grund dafür liegt auf der Hand: Wenn wir etwas übereilt machen, brauchen wir im Endeffekt länger, weil uns dabei (Flüchtigkeits-)Fehler unterlaufen, die nicht passiert wären, wenn wir uns gleich ein bißchen mehr Zeit genommen hätten.

Angesichts der allgemeinen Hektik, in der wir alle leben, wäre es vielleicht nicht schlecht, auf eine andere alte Redensart zurückzugreifen, die heute gültiger ist als je zuvor: Eile mit Weile.

Wer Geduld hat, hat mehr Erfolg

»Mit Honig fängt man mehr Fliegen als mit Essig.«
Anonym

Ich stand am Flughafen von Toronto, Kanada, in einer Schlange vor der Paßkontrolle, um nach Hause zu fliegen. Meine Maschine sollte in einer Stunde abheben, und die Schlange bewegte sich langsam. Unendlich langsam. Ich war fünf Tage unterwegs gewesen, und meine kleine Tochter, die an einer schlimmen Erkältung litt, vermißte mich ganz furchtbar. Mein altes Ich wäre ausgeflippt und hätte mich selbst und alle Leute um mich herum nur noch nervöser gemacht.

Dieses Mal wollte ich etwas anderes ausprobieren. Was würde geschehen, wenn ich mich so verhielt, als würde die Sache gut ausgehen? Ich wartete also geduldig, während sich die Schlange millimeterweise vorwärts bewegte. Nach ungefähr einer halben Stunde begann ich ein Gespräch mit dem Mann vor mir. »Na, jetzt haben wir es ja fast geschafft«, bemerkte ich, wobei ich einen Blick auf die Tür vor uns warf. »Leider nicht«, sagte er. »Das hier ist nur die Schlange vor der richtigen Schlange.«

Etwa zur gleichen Zeit kam ein Zollbeamter vorbei und erklärte, daß die Computeranlage schon den ganzen Tag verrückt spielte und daß sich deshalb alles so sehr verzögere. Ich sagte mir: Bleib ruhig! Es wird schon alles glattgehen. Eine Viertelstunde vor dem Start meines Flugzeugs kam die Durchsage:

»Alle Passagiere nach Denver bitte an diesen Schalter.« Ich marschierte los, nur um in einer neuen, wenn auch kürzeren Schlange zu stehen.

Endlich war ich an der Reihe. Ich trat zu der jungen Frau am Computer. Sie sah müde aus und erschöpft. Sehr erschöpft. Mitgefühl stieg in mir hoch, und ich sagte: »Harter Tag heute, hmm?« »Ja«, antwortete sie, stempelte meinen Paß und winkte mich durch.

Erst da merkte ich, daß ihr Monitor dunkel war. Ihr Computer war ausgefallen, und strenggenommen hätte sie mich warten lassen müssen, bis er wieder funktionierte, um meine Daten zu überprüfen. Weil ich freundlich gewesen war, hatte sie mich durchgelassen – gerade noch rechtzeitig, um meine Maschine zu erreichen.

Dieser Vorfall geht mir immer wieder durch den Kopf. Er hat mir bewiesen, daß es sich lohnt, Geduld zu zeigen. Wenn wir geduldig sind, vergrößern sich unsere Chancen, das Gewünschte zu erreichen. Der Grund dafür liegt auf der Hand: Wenn wir nicht ungeduldig werden, behandeln wir die Menschen in unserer Umgebung netter. Und das wiederum macht es sehr viel wahrscheinlicher, daß auch sie nett zu uns sind.

Vor kurzem erst mußte ich wieder daran denken, als eine Freundin mir von einem Erlebnis mit einem Handwerker erzählte. Der Mann hatte seine Arbeit nicht ordnungsgemäß gemacht, und sie wollte eine Kostenrückerstattung. Sie hatte die Firma angerufen, den Menschen am Telefon erbost angeschrien und schließlich zornig den Hörer auf die Gabel geknallt. »Dann rief ich meinen Mann an«, erzählte sie, »der viel geduldiger ist als ich. Er rief bei der Firma an, sprach ganz ruhig mit dem Geschäftsführer und erreichte tatsächlich, daß wir unser Geld zurückbekamen.«

Seit meinem Erlebnis am kanadischen Zoll habe ich jede Menge Geschichten darüber gehört, wie Geduld einem hilft, sein Ziel zu erreichen: von dem Mann, der seinen Laptop im Flugzeug vergaß und ihn umgehend zurückbekam, weil er mit allen zehn Airline-Angestellten, denen er die Geschichte erzählen mußte, bevor er endlich zu der zuständigen Person durchgestellt wurde, freundlich gesprochen hatte; von dem Inhaber eines überfüllten Lokals, der Gäste, die sich besonders geduldig anstellten, bevorzugt bediente; von dem Pärchen, dem die Kontoführungsgebühr erlassen wurde, weil sie nicht gleich überreagierten, als ihre Bank einen Fehler machte.

Früher glaubte ich, man müsse besonders laut und penetrant werden, wenn man etwas erreichen wollte. Heute weiß ich, daß solche Leute vor allem Gefahr laufen, abgewimmelt oder unzureichend abgespeist zu werden. Deshalb übe ich mich lieber in Geduld und verteile mehr Honig als Essig. Und siehe da – der Erfolg hat mir noch jedesmal recht gegeben.

Wer Geduld hat, ist eher gegen Ärger gefeit

»Geduld ist die Fähigkeit, den Motor im Leerlauf zu lassen, wenn man ihn am liebsten aufheulen lassen würde.«
Michael LeFan

Es war eines dieser Einkaufserlebnisse, die auch Sie garantiert aus eigener Erfahrung kennen. Eine Mutter, die ganz offensichtlich einen anstrengenden Tag hinter sich hatte und nun noch schnell etwas zum Abendessen einkaufen mußte, hastete, ein Dreijähriges im Schlepptau, durch die Gänge des Supermarkts. Das Kind – es hatte Hunger und war müde – stand kurz vor einem Tobsuchtsanfall Stärke 3. Es wollte eine bestimmte Sorte Knusperflocken, die seiner Mutter aber zuviel Zucker enthielten. »Ich *will* zuviel Zucker«, kreischte der Knirps, »ich will zuviel Zucker«, und warf sich plärrend auf den Boden. Mama rastete aus – sie packte ihren Sprößling am Arm und zerrte ihn gewaltsam aus dem Laden. Mutter und Sohn sowie sämtliche Augen- und Ohrenzeugen des Vorfalls waren genervt.

Erst als ich anfing, mich näher mit Geduld zu befassen, fiel mir auf, wie eng Geduld und Ärger zusammenhängen. Ärger ist genaugenommen nämlich nichts anderes als die unmittelbare Folge verlorener Geduld. Wir werden wütend, weil jemand oder etwas unsere Toleranzschwelle überschreitet. »Warum mußt du andauernd mit den Fingerknöcheln knacken, wo du genau weißt, daß mich das wahnsinnig macht?« – »Warum sagst du zu allem, was passiert, immer in diesem süßlichen Ton ›ach, wie nett‹?« – »Warum ist das Gesundheitssystem hierzulande derart marode, daß ich für eine halbwegs ordentliche Absicherung mehrere Hunderter monatlich drauflegen muß?« Wir ärgern uns, weil wir uns nicht mit den Gegebenheiten abfinden wollen.

Das war ein echtes Aha-Erlebnis für mich. Mir war zwar klar, daß ich oft die Geduld verlor und manchmal auch die Beherrschung. Aber ich sah keinen Zusammenhang zwischen beidem. Sie schienen wie unterschiedliche Wetterfronten, die unabhängig voneinander aufzogen. Dabei ist die Ungeduld in Wahrheit ein Kontinuum, das mit leichter Gereiztheit beginnt, zu Ärger führt und schließlich in Wut gipfelt.

Allerdings funktioniert es auch umgekehrt: Je mehr Geduld wir aufbringen, desto weniger Wut, Ärger und Gereiztheit erfahren wir. Hätte die bedauernswerte Mutter im Supermarkt ein klein wenig mehr Geduld gehabt, wäre es für alle Beteiligten angenehmer abgegangen. Vielleicht hätte sie dann über die absurde Forderung ihres Sohnes nach »zuviel Zucker« lachen und ihn mit etwas ablenken können, oder sie hätte einfach abgewartet, bis der Anfall vorbei war. Was auch immer – es wäre jedenfalls besser gewesen, und zwar für den Kleinen, für sie und für alle Anwesenden.

Nun soll das nicht heißen, daß Ärger von Natur aus schlecht oder überflüssig ist. Ausbeutung oder Mißbrauch etwa dürfen wir keinesfalls dulden. In solchen Fällen ist Ungeduld ein gesundes Warnsignal, daß jemand unsere Grenzen verletzt und wir einen sicheren Hafen anlaufen müssen. Ausnutzen lassen dürfen wir uns nicht. Und natürlich gibt es auch den moralisch gerechtfertigten Ärger, der uns rot sehen läßt, wenn wir Zeuge von Ungerechtigkeiten werden.

Was ich hier meine, sind die normalen Verstimmungen – wenn wir uns über Leute, Orte oder Gegebenheiten in unserem Alltag aufregen; Dinge eben, die von einem Mangel an Toleranz herrühren. Sie wissen schon, was ich meine – die Geduld, die uns der Umgang mit unseren alten Eltern abverlangt, wenn diese sich einen feuchten Kehricht um unsere eigenen Belange scheren; die Langmut, die wir brauchen, wenn unsere Kinder unentwegt weiter nach einem Eis oder einem Überraschungsei quengeln, nachdem wir zum viertenmal nein gesagt haben; das Stehvermögen, weiter für einen Vorgesetzten zu arbeiten, der unsere Leistungen nicht zu würdigen scheint. Und sogar die Ausdauer, einen Dritten für unsere Belange zu interessieren, anstatt den armen Menschen am Telefon anzufauchen. Wenn wir Geduld walten lassen, können wir viel besser beurteilen, wann es an der Zeit ist, in gerechten Zorn zu geraten, und wann es klüger ist, sich ein Lächeln abzuringen und selbst zu einem bösen Spiel gute Miene zu machen.

Es gibt ein irisches Sprichwort, das ungefähr so lautet: Wer sich ärgert, trägt die ganze Last, während der andere tanzen geht. Je mehr wir uns in Geduld üben, desto weniger Ärger müssen wir tragen und desto mehr ist uns nach Tanzen zumute.

Wer Geduld hat, ist toleranter und mitfühlender

»Wenn der Mensch, mit dem du redest, nicht zuzuhören scheint, dann hab Geduld. Vielleicht hat er einfach nur ein bißchen Staub in den Ohren.«
Pooh's Little Instruction Book

Im Rahmen eines Seminars bei einem der, laut Fortune, 100 Top-Unternehmen erklärte ich einmal, daß wir zwar alle dasselbe Equipment mitbringen – ein Gehirn –, dieses aber nicht auf dieselbe Weise nutzen. Vielmehr nimmt jeder die Welt auf eine einzigartige Weise wahr und drückt sich auch auf einzigartige Weise aus. Wer diese Unterschiede begreift, tut sich schon einmal ein ganzes Stück leichter, zu verstehen, was ihn an seinen Kollegen, Chefs, Partnern und Kindern stört, aufregt oder frustriert.

Da meldete sich jemand zu Wort. »Sie wollen also behaupten«, sagte ein freundlicher Gentleman, dem leichten Dialekt nach aus den Südstaaten, »mein Sohn legt es nicht darauf an, mich zu provozieren, wenn er demonstrativ wegschaut, wenn ich mit ihm rede? Und mein Boß ist kein Idiot, wenn er die Hälfte meiner Memos ignoriert? Daß ich mehr Aussicht auf Erfolg hätte, wenn ich ihm meine Ideen mündlich unterbreiten würde?«

»Ja«, antwortete ich. »Genau das will ich damit sagen.«

Wann immer wir etwas tun – sei es am Arbeitsplatz, zu Hause, im Supermarkt, im sozialen Bereich oder bei einer privaten Dinnerparty –, wir treffen unweigerlich auf andere Leute. Und diese Leute unterscheiden sich von uns. Nicht nur in der Art und Weise, wie ihr Gehirn Informationen aufnimmt. Sie haben auch andere Prioritäten und andere Motivationen, eine andere Lebensgeschichte und einen anderen Background. Das alles ist uns theoretisch bekannt, und im Namen der Toleranz sagen wir, das ist auch gut so. Aber in Wahrheit glauben wir nicht so recht daran. Folglich ver(sch)wenden wir sehr viel Energie darauf, den Rest der Welt davon zu überzeugen, sich so zu verhalten, wie wir es für das beste halten.

Erinnern Sie sich an das Lied aus *My Fair Lady*, »Kann eine Frau nicht sein wie ein Mann«? Ein klein wenig abgewandelt, könnte das unsere persönliche Maxime sein: »Kann nicht jeder ein bißchen mehr sein wie ich?« Tja, aber das geht nun einmal nicht, und deshalb ist Geduld so wichtig. Geduld und Nachsicht helfen uns dabei, uns mit den Unterschieden und Differenzen abzufinden, die uns von unseren Mitmenschen trennen.

Diese Toleranz kann eine echte Herausforderung sein. Sie verlangt, daß wir von den Erwartungen, mit denen wir einen anderen Menschen betrachten, Abstand nehmen und vorurteilsfrei herausfinden, wie er tatsächlich ist. Glücklicherweise haben wir bei diesem Prozeß einen phänomenalen Verbündeten.

Es ist, wieder einmal, die Geduld, jene innere Ruhe und Gelassenheit, die uns Vorfälle, die andernfalls höchst ärgerlich wären, stoisch hinnehmen läßt. Sie ist der Schlüssel zum Mitgefühl – der Fähigkeit, sich in andere hineinzuversetzen. Warum dem so ist, erläutert Daniel Goleman in seinem Buch *Emotional Intelligence* (dt.: *Emotionale Intelligenz*): »Mitgefühl erfordert genügend Gelassenheit und Sensibilität, um die feinen Gefühlssignale anderer Menschen aufnehmen zu können und vom eigenen emotionalen Gehirn nachahmen zu lassen.« Mit anderen Worten: Je größer die Geduld, desto größer die Fähigkeit, die Gefühle anderer zu verstehen.

Wenn wir Mitgefühl zeigen, können wir den anderen so sehen und schätzen, wie er wirklich ist – in all seiner Einzigartigkeit –, anstatt zu versuchen, ihn zu ändern. Anstatt sich beispielsweise darüber zu ärgern, daß Ihr Kollege Freddy so langsam ist, könnten Sie sich überlegen, welche Vorteile dieser Charakterzug hat. Dann wird Ihnen vielleicht klar, daß er allem, was er macht, große Sorgfalt angedeihen läßt und einfach deshalb so lange braucht, weil er sehr gründlich ist.

Nun wirkt sich diese (durch Geduld geförderte) Fähigkeit zum Mitgefühl nicht nur auf uns als Individuum günstig aus, sondern auch auf die Gemeinschaft der Völker, die in Frieden leben wollen. Sie ist, so der Forscher Martin Hoffman, die Basis jeder ethischen Gesinnung. Nur wenn wir in der Lage sind, die Schmerzen anderer zu fühlen und ihre Position zu verstehen, nur dann nämlich können wir an moralischen Prinzipien festhalten.

Insofern versetzt Geduld uns in die Lage, harmonischer zu leben und ein besseres Einverständnis zu finden – mit schwierigen Familienmitgliedern, mit Nachbarn, die andere Prioritäten haben, mit Kollegen, deren Auffassung von Arbeit nicht mit der unseren übereinstimmt. Geduld schenkt uns Achtung vor der Vielgesichtigkeit der menschlichen Natur und die Fähigkeit, ein großes Herz zu haben.

Wer Geduld hat, hat mehr Glück in der Liebe

»Die Liebe ist langmütig, die Liebe ist gütig.«
Paulus, 1. Korintherbrief

Ich habe eine Freundin, die ganz groß darin ist, sich zu verlieben. Eine tragische romantische Seele, wenn man so will. Sie hat keinerlei Probleme, sich für einen Mann und denselben für sich zu begeistern, erlebt eine Zeit totaler Vernarrtheit – und verstößt den soeben noch Angebeteten dann urplötzlich wegen eines gravierenden Mankos: zu jung, zu alt, zu klein, nicht reich genug. Einmal hat sie mir erzählt, sie könne den Mann, mit dem sie ausging, nicht heiraten, weil er nasse Handtücher im Bad herumliegen ließ!

Anfangs hielt ich ihre Begründungen für lachhaft und absurd, aber dann erkannte ich die Wahrheit: Sie liebte den Menschen einfach nicht genug, um sich mit seinen Schwächen abzufinden. Was auch immer der Grund sein mochte – keiner der Männer schaffte es, ihre Fähigkeit zur Geduld zu wecken.

Man kann nicht lieben, ohne sich in Geduld zu üben. Natürlich ist es möglich – meine Freundin ist der lebende Beweis dafür –, Romanzen zu erleben, dieses phänomenale Gefühl erster Verliebtheit, wenn das Gehirn den Körper mit Endorphinen überschwemmt und einem eine gemeinsame Zukunft in den rosigsten Farben erscheint. Doch kaum ist diese blinde Verliebtheit vorüber, sieht man den anderen Menschen (und er einen) zum erstenmal mit all seinen Eigenarten. Dann muß man versuchen, ein gemeinsames Fundament zu finden und Nachsicht für den anderen zu entwickeln. Und hier kommt die Geduld ins Spiel.

In jeder längerfristigen Beziehung verbringen beide Partner viel Zeit damit, Nachsicht zu üben und die Schwächen des anderen zu tolerieren: die Tatsache, daß er in aller Öffentlichkeit rülpst; daß sie ab und zu Panikanfälle hinsichtlich ihrer finanziellen Zukunft bekommt; daß seine Krawatte nie zum Hemd paßt; daß er dieses Paar Schuhe jetzt schon über zehn Jahre lang trägt; daß sie, kaum zur Tür herein, ans Telefon stürmt und stundenlang mit einer Freundin ratscht, ohne ihm auch nur einen Begrüßungskuß gegeben zu haben.

Natürlich können Menschen sich ändern, und sie tun es auch. Aber nur selten geht diese Veränderung so weit, wie der andere es sich wünscht. Das Geheimnis einer glücklichen Beziehung könnte darin liegen, diese kleinen Schwächen als liebenswerte Eigenheiten anzusehen und nicht als enervierende Störfaktoren. Wer diese – zugegebenermaßen heroische – Leistung nicht zustande bringt, dem hilft nur eine Wagenladung Geduld, wenn er einen Witz, den sie noch nie mochte, zum zweihundertstenmal erzählt oder wenn sie einmal mehr von einer Kauforgie nach Hause kommt.

Das Faszinierende an Geduld in der Liebe ist, daß wir, indem wir den anderen so annehmen, wie er ist, die Chancen, daß er sich ändert, *erhöhen.* Das hängt damit zusammen, daß die Geduld unseres Partners einen sicheren Hafen bietet, in dem wir uns – mitsamt all unseren Fehlern – angenommen fühlen, und daß uns die Geborgenheit dieser Akzeptanz die nötige Sicherheit gibt, tatsächlich den ernsthaften Versuch zu unternehmen, uns zu ändern. Möglicherweise ändert sich unser Partner sogar in die gewünschte Richtung. Doch wenn er das tut, dann nur, weil wir ihm genügend Freiraum gegeben haben, sich zu entwickeln.

Geduld erhöht auch die Chancen, daß eine Liebe langfristig Bestand hat. Einer neueren Studie zufolge lassen sich Erwachsene, die in der High-School wenig Durchhaltevermögen zeigten, in den folgenden 13 Jahren doppelt so häufig scheiden wie ihre Klassenkameraden. Mit anderen Worten: Leute, die schon auf einem anderen Gebiet keine Geduld bewiesen, neigen eher dazu, auch Beziehungen rascher aufzugeben als andere, die sich schon früh durch Beharrlichkeit ausgezeichnet haben.

Geduld ist der Mörtel, der zwei Partner zusammenhält und die Oberflächen glättet, damit die Liebe auf Dauer Bestand haben – und wachsen – kann.

Wer Geduld hat, kann besser mit Kindern umgehen

»Gott schickt die Kinder nicht nur, um die menschliche Rasse zu erhalten – sie sollen auch unsere Herzen größer machen, uns Selbstlosigkeit und Zuneigung lehren.«
Mary Howitt

Ein vielbeschäftigter Vater, Journalist von Beruf, versuchte, seine dreijährige Tochter rechtzeitig zum Kindergarten zu bringen. »Ich wurde allmählich ungeduldig, weil sie nur lachte, anstatt sich die Söckchen anzuziehen. Schließlich verlor ich die Beherrschung und schrie sie an: ›Los jetzt, mach zu! Es ist mir ernst. Kein Gegacker mehr.‹

›Komm schon‹, schalt sie zurück, drohte mir tadelnd mit dem Finger, genauso wie ich es getan hatte, und setzte eine strenge Vatermiene auf. ›Es ist mir ernst. Kein Gegacker mehr.‹

In dem Moment wurde mir klar, wie tief ich gesunken war. Tempo war mir wichtiger als Spaß, und ihre ernste Erwiderung erschien mir derart komisch, daß ich selber anfing zu lachen. ›Na, na‹, meinte sie daraufhin mit unbeweglicher Miene. ›Wer gackert denn jetzt?‹«

Gibt es etwas Süßeres als Kinder? Sie äußern so herrliche Kommentare, übersäen einen von oben bis unten mit Küssen, drücken sich ganz fest an einen und tun alles, um ihren Eltern Freude zu machen. Allein schon ihre Gegenwart ist das reine Vergnügen.

Gibt es etwas Nervtötenderes als Kinder? Sie verschütten blauen Traubensaft auf dem neuen hellbeigen Teppich, stellen immer wieder dieselben Fragen und verwandeln ganz selbstverständliche Tätigkeiten wie Zähneputzen in unerquickliche Machtkämpfe. Allein schon ihre Gegenwart ist die reine Qual.

Wie jede Mutter und jeder Vater weiß, verlangt Kindererziehung ein schier übermenschliches Quantum an Fähigkeiten. Wir müssen Lehrer sein, Zuchtmeister, Coach und Freund – und genau wissen, wann welche dieser Rollen gefordert ist. Und wir müssen oft innerhalb von Sekundenbruchteilen Entscheidungen treffen, während wir eigentlich mit etwas ganz anderem beschäftigt sind und tausend vermeintlich wichtigere Dinge zu tun haben.

Als wäre das nicht schon stressig genug, müssen wir uns obendrein – nicht umsonst leben wir in einem psychologiebewußten Zeitalter – mit den Schäden befassen, die wir unserem Nachwuchs möglicherweise zufügen. 100 Jahre Erforschung der emotionalen Entwicklung haben ans Tageslicht gebracht, daß zu einem durchaus nicht unbeträchtlichen Teil wir Eltern dafür verantwortlich sind, ob unsere Sprößlinge einmal vollwertige Mitglieder der menschlichen Gesellschaft werden und fähig sind, in der Liebe und im Beruf Erfolg zu haben – oder eben nicht.

Einer unserer wichtigsten Verbündeten in diesem schwierigem Prozeß ist die Geduld. Man braucht Geduld, um ein Kind, das seit einer geschlagenen Stunde weint, weiter im Arm zu halten. Man braucht Geduld, um zum 400. Male die Geschichte vom kleinen Eisbären vorzulesen, der seinen ersten Schultag hinter sich hat. Und man braucht Geduld, um es (einigermaßen) mit Fassung zu tragen, wenn unser Teenager von dem Besuch bei einer Freundin mit grellila gefärbten Haaren heimkommt.

Ich kann mich an keinen einzigen Tag als Mutter erinnern, an dem meine Geduld nicht auf die Probe gestellt worden wäre – und ich habe ein wirklich braves Kind.

Das Ausloten von Grenzen ist wichtiger Bestandteil des Kindseins. Es liegt in der Natur der Sache, daß Eltern und Kindern ständig im Clinch miteinander liegen: Die Kinder müssen konstant ausprobieren, wie weit sie gehen können, und die Eltern müssen einen sicheren Kreis abstecken und dessen Radius dann entsprechend der Reife ihres Nachwuchses langsam erweitern.

Deshalb ist Geduld eine Art Verschnaufpause. Sie gibt uns die Möglichkeit, in diesem Wechselspiel zwischen Unabhängigkeit und Sicherheit einmal tief Luft zu holen und nachzudenken, was angesichts der gegebenen Umstände das klügste wäre. Sie versetzt uns in die Lage, nachzudenken, bevor wir handeln, und das ist in einer Beziehung, in der wir soviel Macht haben (und so viel verkehrt machen können), von ganz besonderer Wichtigkeit.

Unsere Kinder wünschen sich von uns mehr Geduld. Im Rahmen einer 1999 durchgeführten Studie über das Verhältnis Arbeitszeit – Freizeit fand Ellen Galinsky heraus, daß die meisten Kinder sich nichts sehnlicher wünschen, als daß ihre berufstätigen Eltern weniger gestreßt von der Arbeit heimkommen.

Egal wie sehr wir uns bemühen – wir werden nie perfekte Eltern werden. Und das ist auch ganz in Ordnung so; es reicht vollkommen, wenn wir gute Eltern sind. Geduld hilft uns dabei. Sie sorgt dafür, daß liebevolle und kluge Reaktionen gegenüber strengen und vielleicht voreiligen, wenig durchdachten überwiegen.

Wer Geduld hat, ist aufgeschlossener und aufnahmefähiger

»Geduld ist eine jener ›weiblichen‹ Eigenschaften, die ihren Ursprung in der Unterdrückung der Frau haben, die wir aber auch nach unserer Befreiung beibehalten sollten.«
Simone de Beauvoir

Mary Beth wurde ausgerechnet an ihrem 43. Geburtstag arbeitslos. Die zwei vorhergegangenen Jahre waren schwierig gewesen. Ihre Ehe war in die Brüche gegangen. Eine Zeitschrift, die sie ins Leben gerufen hatte, war im Jahr davor eingestellt worden. Sie setzte alle Hebel in Bewegung, um ihr Leben wieder einigermaßen in den Griff zu kriegen und auch finanziell über die Runden zu kommen – da traf die Nachricht ein, sie sei entlassen.

»Ich hatte keine Arbeit, drei Kinder in teuren Privatschulen und eine Hypothek abzuzahlen. Einen ganzen Monat lang schickte ich eine Bewerbung nach der anderen los, rief Kollegen an und studierte aufmerksam den Stellenanzeigenteil aller greifbaren Zeitungen. Nichts. Je mehr ich mich bemühte, desto frustrierender wurde es.

Dann, an einem Septembermorgen, stellte ich alle Anstrengungen ein. Ich wachte auf, nahm meinen Kaffee mit hinaus in den Garten und betete: Lieber Gott, ich habe alles versucht; jetzt liegt es in deiner Hand. Ich konnte nur noch abwarten.

Ich schrieb Artikel und schickte sie unaufgefordert an die unterschiedlichsten Zeitschriftenredaktionen. Nichts geschah. Monatelang ging ich jeden Tag, nachdem ich die Kinder zur Schule gebracht hatte, für eine Stunde in meinen Garten und betete und wartete. Ich wartete noch, als die Kürbisse reiften, als eine einsame, leuchtendrosafarbene Geranie im Dezember ihre letzte Blüte öffnete, als der ganze Garten karg und kahl wurde. Ich wartete, und ich hoffte und betete. Und ich schrieb weiter.

Endlich, im Januar, bot sich mir die Chance auf einen Traumjob. Im Laufe des Frühjahrs erschienen nach und nach praktisch alle Artikel, die ich im Herbst geschrieben hatte, Scheck um Scheck trudelte ein, und mein Kontostand stieg wieder.«

Als ich anfing, mich mit Geduld zu befassen, war ich überrascht. Anders als Freundlichkeit, Dankbarkeit oder Großzügigkeit, bei denen es sich darum dreht, etwas zu tun, geht es bei der Geduld nicht zuletzt darum, etwas *nicht* zu tun. Es geht darum, sich zurückzuhalten, wenn man in die Luft gehen möchte, sich in Umstände zu fügen, die man eigentlich nicht wollte, und etwas abzuwarten, anstatt zu versuchen, es zu erzwingen.

Als ich intensiver darüber nachdachte, fiel mir auf, wie sehr das unsere Kultur im allgemeinen widerspiegelt – eine Kultur, in der nichts so hoch geschätzt wird wie das aktive Handeln, die »Action«. Für uns Amerikaner gilt dies ganz besonders; immer müssen wir etwas *tun*: Berge bezwingen, den Markt beherrschen, schnellstmöglich viel Geld verdienen, die Karriereleiter erklimmen. All das sind handlungsorientierte, dynamische Tätigkeiten, »maskuline« Energien, wenn man so will.

Weit weniger werden in unserer Gesellschaft eher rezeptive, »weibliche« Tätigkeiten geschätzt: ausharren können, sich der Intuition öffnen, den rechten Moment abwarten, uns von der Wahrheit erfüllen und treiben lassen. Geduld, Simone de Beauvoir hat es wunderbar formuliert, gehört in den rezeptiven Bereich der Reaktionsskala.

Nun ist an dynamischer Energie nicht das geringste auszusetzen – ohne sie ginge in unserer Welt ja nichts voran. Aber wir befinden uns in einem Ungleichgewicht, als Individuen sowie als

Gesellschaft, weil wir ausschließlich dynamische Energie estimieren. Dem Rezeptiven indessen – dem Ort, an dem wir innehalten und uns besinnen, ob aktives Handeln angesagt ist oder nicht, an dem wir auf das richtige Timing warten – bringen wir keine oder wenig Anerkennung entgegen. Warum? Wahrscheinlich, weil wir uns für »untätig« halten, wenn wir nicht »aktiv« sind.

Dabei ist die rezeptive Energie der Geduld ein wahrer Kraftakt! Es erfordert Stärke, nicht einfach loszuhechten und irgend etwas zu tun, nur um des blinden Aktionismus willen. Im Ungewissen zu leben, solange es eben dauert, ohne darüber verärgert, bitter oder depressiv zu werden. Oberflächlich mag es so aussehen, als täten wir nichts. Aber darunter, in unserem Inneren, leisten wir in der Tat Schwerstarbeit. Taoisten nennen das *wu wei*, tatenlose Tätigkeit oder, anders übersetzt, »kontemplatives Nichtstun«. Im alten China galt *wu wei* als eine der größten Leistungen, die ein Mensch erreichen kann.

Mary Beths Geschichte ist deshalb so aufschlußreich, weil sie zeigt, daß uns manchmal selbst der größte Energieeinsatz nicht weiterbringt. Zu so einer Zeit können wir nichts weiter tun, als geduldig abzuwarten, was die Zukunft bringt. Diese Fähigkeit, erwartungsvoll auszuharren, uns der Hilfe Gottes zu öffnen, ist der eigentliche Kern der rezeptiven Energie.

Nicht alles läßt sich durch schiere Willenskraft erreichen. Manchmal brauchen wir auch ein bißchen Wartekraft.

Wer Geduld hat, ist automatisch höflich

»Geduld bringt weiter.«
Lama Surya Das

Vor ein paar Jahren wurde eine Freundin von mir ins Bürgermeisteramt ihrer Kleinstadt gewählt. Sie lud mich zu ihrer Vereidigung ein, die im Anschluß an eine gewöhnliche Stadtratssitzung stattfinden sollte. Ich war viel zu früh dran, verfolgte deshalb fast die ganze Sitzung und war bald voller Bewunderung. Welche Geduld diese Menschen aufbringen müssen, um dieselben Probleme immer und immer wieder durchzukauen und riesige Finanzlöcher mit denkbar wenig Geld zu stopfen, während sie von allen Seiten von Interessensgruppen bedrängt werden. Die Themen, die auf dieser Sitzung diskutiert wurden, standen nicht zum erstenmal auf der Tagesordnung, das merkte ich sofort, aber dennoch gingen alle Beteiligten respektvoll miteinander um, und jeder Bürger, der etwas zu sagen hatte, wurde auch angehört – ob sein Anliegen nun zum Thema gehörte oder nicht.

Am Ende der Sitzung verneigte ich mich innerlich tief vor diesen Leuten, die eine bemerkenswerte Geduld mit den Mühlen der Gesetzgebung erkennen ließen, aber auch vor den engagierten Bürgern, die sich unermüdlich für das einsetzten, was sie für wichtig und rechtens erachteten. Dann wanderten meine Gedanken zu den ach so vielen anderen, die geduldig arbeiten, um unseren Staat am Laufen zu halten – zu all denen, die, vielfach unentgeltlich, in gemeinnützigen Organisationen tätig sind, den Polizisten und Feuerwehrleuten, den Sozialarbeitern in aller Welt … die Liste ließe sich endlos fortführen.

Ich vergleiche diese Leute mit anderen, über die ich kürzlich in einem Zeitungsbericht las. Ein Kleinbus war von der Straße abgekommen, auf den Bürgersteig gekippt und hatte drei Fußgänger verletzt. Daraufhin zerrten sieben Männer Fahrer und Beifahrer aus dem Wagen und prügelten beide zu Tode. So geschehen in einem gutbürgerlichen Viertel in Chicago. Die Männer, die wegen Totschlags angeklagt wurden, sind zwischen 16 und 47 Jahre alt.

Wenn ich diese entsetzliche Geschichte durch die Brille der Geduld betrachte, überrascht mich eigentlich weniger, daß so etwas passiert, als daß es nicht noch häufiger geschieht. Diese Männer konnten nicht abwarten, bis die Gerechtigkeit ihren Lauf nahm (der Fahrer, ein 26jähriger Mann, war betrunken), sondern übten Selbstjustiz. Schlagzeilen machte dies, weil es selten vorkommt. Die meisten Menschen, auch die, die selbst Geschädigte sind, haben gelernt abzuwarten, bis die Gesellschaft für sie Recht spricht.

Tatsächlich ist unsere Gesellschaft nur deswegen funktionsfähig, weil die meisten Menschen in dieser Hinsicht Geduld zeigen. Weil wir geduldig sind, warten wir, bis die Ampel auf Grün schaltet, bevor wir losfahren. Wir stellen uns an, wenn wir zu einer Sportveranstaltung oder in ein Konzert gehen, und trampeln nicht einfach alle vor uns Stehenden nieder. Wir warten und hoffen darauf, daß unsere Regierung die anstehenden Probleme löst, anstatt einen Umsturz zu planen.

Eine Gesellschaft hält in dem Maße zusammen, in dem ihre Mitglieder sich in Geduld üben – Milliarden Menschen in aller Welt, die sich mehr oder weniger gesetzestreu verhalten. Erst wenn wir ungeduldig werden – sei es auf der Jagd nach dem schnellen Geld wie in dem Börsenboom der späten 90er Jahre oder im Auto auf einer vielbefahrenen Landstraße –, dann bricht die Anarchie aus.

Geduld ist keine unbedeutende nette Eigenschaft, die man sich quasi fürs eigene Wohlbefinden leistet. Sie ist der Kern von Diplomatie und Höflichkeit, von Recht und Gesetz und unserer staatlichen Ordnung. Ohne Geduld könnten die Menschen nicht zusammenarbeiten, das Staatswesen könnte nicht funktionieren. Mit Geduld schaffen wir die Voraussetzungen für ein friedliches Zusammenleben der Menschen, ein friedliches Mit- und Nebeneinander der Nationen.

Wer Geduld hat, besitzt ein großes Herz

»Wir würden niemals lernen, tapfer und geduldig zu sein, wenn es auf der Welt ausschließlich Freude gäbe.«
Helen Keller

In ihrem Buch *Kitchen Table Wisdom* (dt.: *Dem Leben trauen. Geschichten, die guttun)* erzählt die Ärztin und Psychologin Rachel Naomi Remen die Geschichte eines mißmutigen Teenagers, der sich mit der Diagnose Diabetes herumschlagen mußte. Der Junge ernährte sich nicht vernünftig und nahm seine Medikamente nicht oder nur unregelmäßig. Eines Tages aber kam er in ihre Praxis und lächelte. Er hatte einen Traum gehabt, erzählte er. »In meinem Traum sah ich die Statue eines jungen Buddha. Allein schon ihn anzuschauen gab mir ein Gefühl der inneren Ruhe. Dann, ganz plötzlich, kam ein Dolch von hinter mir und bohrte sich in das Herz des Buddha. Ich war entsetzt, am Boden zerstört. Aber während ich noch traurig und wütend hinsah, begann der Buddha unter meinen Augen zu wachsen. Er wuchs und wuchs, bis er die Größe eines Riesen hatte. Das Messer war immer noch da, aber verglichen mit dem Buddha hatte es jetzt nur noch die Größe eines Zahnstochers.«

Ich habe zwei Freundinnen, die sagen, Brustkrebs sei das Beste gewesen, was ihnen je widerfahren sei. Eine Bekannte erzählte mir, daß ihr Ehemann sie verlassen habe, sei ein wahrer Segen gewesen, auch wenn sie das nicht sofort begriffen habe.

Eine andere behauptet, der Verlust ihres Jobs sei das größte Geschenk gewesen. Sind diese Frauen Masochisten? Nein, sie sind ganz gewöhnliche Menschen, genauso wie der obenerwähnte junge Mann, die erkennen, daß die Prüfungen, die ihnen auferlegt wurden, allen Schwierigkeiten, Schmerzen und Strapazen zum Trotz etwas waren, woran sie gewachsen sind. Sie lebten jetzt viel bewußter und glücklicher. »Als ich meinen Schmerz in das Feld der Geduld pflanzte«, schrieb Kahil Gibran, »da trug er Früchte des Glücks.«

Der Radchampion Lance Armstrong, der den Krebs besiegt hat, formuliert es folgendermaßen: »Die Wahrheit ist, daß der Krebs das Beste war, was mir je passiert ist ... Als ich krank war, sah ich in jedem einzelnen Tag mehr Schönheit und Erfolg und Wahrheit als jemals bei einem Radrennen ... Die Krankheit hat mich über alle Zweifel hinweg überzeugt – mehr als jede andere Erfahrung, die ich als Sportler gemacht habe –, daß wir weit stärker sind, als wir denken. Wir verfügen über ungeahnte Kräfte und Fähigkeiten, die manchmal erst zutage treten, wenn wir in eine Krise geraten.«

Natürlich möchte kein Mensch freiwillig körperliches, seelisches oder geistiges Leid erfahren. Aber wenn eine solche Prüfung eintritt – was höchstwahrscheinlich irgendwann der Fall sein wird, da jeder Lebenslauf sein Maß an Kummer und Leid hat –, dann haben wir zweierlei Möglichkeiten: Entweder wir hadern ohne Ende mit unserem Schicksal, oder aber wir nehmen die Gefühle von Trauer, Angst und Wut an und bemühen die Geduld, um uns reifer werden und daran wachsen zu lassen.

Auf ebendieses nimmt Norman Vincent Peale Bezug, wenn er schreibt: »Wenn uns der Schmerz trifft, stellen wir häufig die falschen Fragen, zum Beispiel ›Warum gerade ich?‹. Die richtigen Fragen wären: ›Was kann ich daraus lernen?‹, ›Kann ich etwas daran ändern?‹, ›Was kann ich trotzdem erreichen?‹«

Die Begegnung mit Leid, Frustration und Schmerz ist die Berufung auf eine höhere Ebene, der Aufruf, bislang ungenutzte innere Kräfte zu mobilisieren. Auf einem Workshop, den ich mit leite, fordert meine Kollegin Dawna Markova, Verfasserin des

Buches *I Will Not Die an Unlived Life*, die Teilnehmer auf, sich bewußtzumachen, welche Weisheit sie aufgrund einer schmerzlichen Erfahrung gewonnen haben. Sie bittet sie, sich auf etwas zu besinnen, das ihnen geholfen hat, diese schwere Zeit durchzustehen. Wir haben mehrere hundert Leute befragt, und jeder konnte mindestens eine positive Eigenschaft oder innere Stärke benennen, die er erst aufgrund persönlichen Unglücks entwickelt hat.

So wie es keinen Regenbogen ohne Regen gibt, so gibt es viele wertvolle Charakterzüge, die man nur in Situationen an sich entdeckt, die einem auch große Geduld abverlangen. Überlegen Sie einmal kurz, welche das bei Ihnen sind. (Bei mir sind es die Fähigkeit, andere Menschen besser zu verstehen, und der Glaube an die fundamentale Herzensgüte der Menschen.) Diese Kräfte stehen Ihnen für den Rest Ihres Lebens zur Verfügung. Und wenn eine neue Herausforderung naht, die Ihre Geduld auf eine harte Probe stellt, dann können Sie sich fragen, wie Sie diesesmal davon profitieren und wachsen, und das macht das Ganze dann ein kleines bißchen erträglicher.

3

Geduld ist eine Geisteshaltung

»Die größte Entdeckung meiner Generation ist, daß ein Mensch sein Leben verändern kann, indem er seine Einstellung ändert.«
William James

Jeder Mensch hat eine festverwurzelte Lebenseinstellung, die zum Teil tief im Unterbewußtsein verankert ist und von der abhängt, wie wir auf Mitmenschen und neue Situationen reagieren. Ist diese Grundeinstellung eine, die auf Geduld basiert, dann sind Toleranz, Akzeptanz und Gelassenheit keine Fremdwörter für uns. Huldigt sie dagegen der Ungeduld, dann gibt es Probleme, mit den Herausforderungen des Lebens klarzukommen.

Glücklicherweise haben wir, wie Sylvia Boorstein es ausdrückt, »die Möglichkeit, uns unsere Geisteshaltung auszusuchen«. Wir sind unseren Gedanken nicht wehrlos ausgeliefert, sondern können darüber entscheiden, welche Aspekte wir verwerfen und an welchen wir festhalten und sie vielleicht sogar fördern wollen. Das heißt nicht, daß wir nicht ab und zu wieder in alte Angewohnheiten zurückfallen. Diese haben sich im Laufe der Jahre und Jahrzehnte tief in unser Hirn eingegraben. Aber wann immer wir das Gefühl haben, gedanklich in einer Sackgasse angelangt zu sein, können wir einen Neustart wagen und diesesmal einen anderen, besseren Weg wählen.

Das Lernen hört niemals auf

»Bewußte Wahrnehmung birgt die Möglichkeit zur Veränderung.«
Anthony de Mello

Ich fühlte mich schauderhaft. Obwohl ich mir fest vorgenommen hatte, in dieser Auseinandersetzung (es ging um etwas Finanzielles) Geduld walten zu lassen, hatte ich meinen Mann angebrüllt. Ich kam mir vor wie ein völliger Versager.

Dieses Gefühl war mir nur allzu vertraut. Jedesmal, wenn ich den Vorsatz faßte, geduldiger zu sein, und es dann nicht schaffte, fühlte ich mich hundeelend. Ich hätte mich ohrfeigen mögen dafür, daß ich es wieder versiebt hatte. Und dann gelobte ich mir, es beim nächstenmal besser zu machen, und alles war in Butter – bis das nächste Mal kam, und ich wieder versagte. Scheinbar aus dem Nichts tauchte ein ums andere Mal der Geduldsfresser auf und schlug zu. Und ich war wieder beschämt, gelobte wieder Besserung, und der Kreislauf begann von neuem.

Nun hätte ich natürlich so weitermachen können, bis ich endgültig die Geduld verlor und selbst den Versuch aufgab. Zum Glück hatte ich jedoch Unterstützung in Form von Literatur und in Gestalt geduldiger Freunde, die mir mit Rat und Tat zur Seite standen. Alle Ratschläge liefen im Grunde auf dasselbe hinaus: Wenn wir uns ändern wollen, müssen wir uns zuerst einmal klar darüber werden, was wir verkehrt machen, und zwar ohne Vorverurteilung und ohne Selbstvorwürfe. Eine solche Bewußtheit erst erlaubt es uns zu lernen. Mit anderen Worten: Wer sich selbst mehr Geduld aneignen will, muß sich als Schüler und jeden Rückfall in die Ungeduld als eine Gelegenheit ansehen, daran zu wachsen.

Und Rückschläge wird es viele geben: Wir werden unseren Partner beleidigen, die Kinder anpfeifen, beim Telefonieren mit der Verwandtschaft die Augen verdrehen. Wir werden entnervt auf die Hupe drücken, wenn der Autofahrer vor uns schläft, und ein Söckchen mitten am Wohnzimmerfußboden wird uns zum Ausrasten bringen.

Die Frage ist nicht, ob wir die Geduld verlieren. Vielmehr geht es darum, wie wir reagieren, wenn das passiert. Machen wir uns Vorwürfe, weil wir nicht perfekt sind? Oder nehmen wir die Tatsache hin, daß wir uns noch im Trainingsstadium befinden, und überlegen, was wir daraus lernen können?

Es fällt uns leichter, uns in Geduld zu üben, wenn wir verstehen, warum uns etwas an die Decke gehen läßt, das nicht unserer Kontrolle, unserer Willenskraft unterliegt. Ginge es allein nach letzterer, wären wir gewiß »gut«. So versuchen wir es, aber unser Scheitern ist vorprogrammiert. Dann schämen wir uns, fühlen uns schuldig – und lernen nichts daraus. Unter ähnlichen Umständen werden wir wieder genauso handeln und dieselben Fehler machen.

Betrachten wir uns dagegen als Lernende, dann berücksichtigen wir, daß etwas an der Situation uns überfordert hat, und wir versuchen herauszufinden, was das war. Wenn wir nicht zu streng mit uns ins Gericht gehen, dann lassen wir uns die Möglichkeit offen, beim nächstenmal anders zu reagieren. Vielleicht klüger und richtiger.

Wenn Sie das nächste Mal merken, daß Ihnen der Geduldsfaden reißt, stellen Sie sich die Frage: »Was war an dieser Situation so schwierig?« Denken Sie nicht: »Ich bin ein schlechter Mensch.« Überlegen Sie lieber, woran es gelegen haben könnte, daß Sie die Beherrschung verloren haben. Sind wir auf einen Menschen sauer, liegt es häufig daran, daß dieser etwas tut, was wir uns selbst nicht gestatten. Das war zum Beispiel der Fall bei einem Vater, den ich kenne. Sein erwachsener Sohn war in der Lage, nein zu sagen, wenn er etwas nicht wollte, und der Vater konnte das nicht. Deshalb wurde er regelmäßig unleidlich, wenn sein Sohn sich durchsetzte.

Möglicherweise repräsentiert der andere auch einen Teil unserer Persönlichkeit, den wir nicht wahrhaben wollen. In der Psychologie heißt dieses Phänomen Projektion. Wir haben keine Geduld mit Menschen, die Charaktereigenschaften verkörpern, die wir entweder verdrängt haben oder aber nicht besitzen, aber gerne hätten.

Wenn ich mir in dieser Hinsicht meinen Mann anschaue, fällt mir auf, daß ich mir sehr viel Sorgen um Geld mache und das Gefühl habe, Don sollte das auch. Folglich warf ich ihm immer wieder vor, er handle unverantwortlich, obwohl er in Wahrheit sehr verantwortungsbewußt mit Geld umgeht. Seine Gelassenheit in finanziellen Angelegenheiten ließ mich einfach rot sehen. Dahinter steckte mein Wunsch, selbst weniger auf Geld fixiert zu sein. Ich ärgerte mich, daß er das konnte und ich nicht. Diese Erkenntnis bedeutet nun nicht, daß ich nicht immer noch manchmal ausflippe, wenn es ums Finanzielle geht. Aber ich bin jetzt, wo ich weiß, wo meine Ungeduld herrührt, immerhin nicht mehr ganz so anfällig dafür.

Zwischen dem Gefühl, versagt zu haben, und dem Gefühl, etwas noch lernen zu müssen, liegen Welten. Das eine führt zu Mutlosigkeit und Depressionen, das andere eröffnet neue Horizonte. Wenn Sie das nächste Mal merken, daß Sie Gefahr laufen, ungeduldig zu werden, sehen Sie es als Chance, etwas über sich zu lernen. Fragen Sie sich: Warum fällt mir das so schwer? Sie werden überrascht sein, was ein solcher Einstellungswandel alles bewirken kann.

Geduld ist reine Entscheidungssache

»Wenn wir uns nach Kräften lieben und achten,
dann werden letztlich Liebe und Achtung siegen.
Dessen bin ich mir sicher.«
Aung San Suu Kyi

Aung San Suu Kyi (ihr Name bedeutet »eine leuchtende Sammlung von Siegen«) ist zum internationalen Symbol für gewaltlosen Widerstand geworden. Die Vorsitzende der birmanischen Nationalen Liga für Demokratie, die 1990 die Wahlen gewann, aber nie Regierungschefin wurde, erhielt 1991 den Friedensnobelpreis – für ihren »gewaltfreien Kampf für Demokratie und Menschenrechte«, einen Kampf, den das Komitee in Stockholm als »eines der außergewöhnlichsten Beispiele von Zivilcourage in Asien in den letzten Jahrzehnten« bezeichnete.

Für mich ist Aung San Suu Kyi der Inbegriff von gelebter Geduld. Die letzten 15 Jahre stand sie fast ständig unter Hausarrest. Ihre Kinder hat sie seit mehr als zehn Jahren nicht gesehen, und 1999 starb ihr Ehemann im Ausland, ohne daß sie sich von ihm verabschieden konnte. Das Militärregime verweigerte ihr ein Visum, und sie fürchtete, daß man sie, wenn sie das Land einfach so verließe, nicht wieder einreisen lassen würde. Als die Militärs bei einer Kundgebung mehr Menschen erschießen ließen als seinerzeit die Chinesen am Platz des Himmlischen Friedens, als die Militärs Tausende ihrer Anhänger folterten, umbrachten und ins Gefängnis warfen – da trat sie jedesmal energisch für Demokratie ein, immer aber ohne Haß, ohne Bitterkeit und ohne Rachsucht. Erst kürzlich sagte sie über das Regime ihres Landes Myanmar: »Wir glauben daran, daß man mit Menschen reden muß, auch mit solchen, die anderer Ansicht sind. Genaugenommen ist es weit wichtiger, mit Menschen zu reden, die eine andere Meinung vertreten, weil sie es sind, mit denen wir zu einer Übereinkunft gelangen müssen.«

Was gibt dieser Frau die Kraft, tagein, tagaus die Geduld zu bewahren? Sie hat ein ausgeprägtes spirituelles Leben, das in der Zeit, die sie in Gefangenschaft verbracht hat, noch gewachsen ist. In ihrem Buch *Letters from Burma* findet man noch einen anderen Hinweis: Sie weiß, daß Geduld eine Entscheidung ist, die man trifft, und zwar nicht einmal, sondern immer wieder. Jedesmal wenn ihr Haus abgeriegelt wird, Soldaten vor ihrem Grundstück aufmarschieren oder ihr neue Restriktionen auferlegt werden, faßt sie den bewußten Entschluß, sich weiterhin in Geduld zu üben. »Wir führen unsere Arbeit fort«, schreibt sie in einem ihrer Briefe, »›Business as usual‹, riefen wir und machten weiter«, in einem anderen. Und in einem dritten findet sich der Satz: »Wir machen einen Schritt nach dem anderen, und wir werden auch in Zukunft Schritt für Schritt vorankommen.« Liest man die Briefe, wird rasch ein Muster deutlich: Gleichgültig welche Hindernisse man ihr in den Weg legt – sie nimmt sie zur Kenntnis und geht dann unbeirrt weiter.

Geduld ist nichts, was man hat oder nicht hat. Geduld ist ein Entschluß, den wir fassen, eine Entscheidung, die wir treffen, und zwar jedesmal aufs neue. Und je mehr wir Geduld als eine Entscheidung begreifen, desto freier werden wir. Wir entschließen uns, langsam abzunehmen, nicht »20 Pfund in 20 Tagen«, wie ich es erst vor kurzem in einer Anzeige las. Wir arbeiten stetig und gewissenhaft über ein Jahr lang auf ein Ziel hin und erhöhen damit unsere Erfolgschancen. Wir entscheiden uns, uns auch beim Kinderwunsch in Geduld zu üben, und haben zwei Jahre später das süßeste Baby der Welt – so erst jüngst geschehen bei einer Freundin.

Wenn wir Geduld als Entscheidungssache ansehen, erkennen wir, daß wir jedesmal von neuem die Wahl haben – wenngleich hoffentlich unter weniger schwieriger Umständen als Aung San Suu Kyi. Jedesmal können wir uns dafür entscheiden, Geduld zu haben – sei es mit unserem hektischen Chef, unseren streitsüchtigen Geschwistern, quengeligen Kindern oder einem nervtötenden Nachbarn.

Das Schöne an der Entscheidung zur Geduld ist, daß sie nicht das geringste damit zu tun hat, wie ungeduldig wir normalerweise sind. Schließlich treffen wir unseren Entschluß jedes einzelne Mal aufs neue. Wie auch immer die Umstände sind – wir haben die freie Wahl. Und können uns für Friedfertigkeit entscheiden.

Heute, morgen, übermorgen. Daheim, in der Arbeit, unterwegs. Die Entscheidung liegt immer bei Ihnen.

Auch das geht vorüber

»Lang heißt nicht für immer.«
Sprichwort

Khyentse Norbu war ein junger tibetischer Mönch, als Bernardo Bertolucci nach Indien kam, um den Film *Little Buddha* zu drehen, der den Weg des Prinzen Siddhartha zum Buddha zeigt. Während der Dreharbeiten packte den Statisten Khyentse Norbu selbst das Filmfieber, und fünf Jahre später stellte er – unter großem Beifall – seinen unabhängig gedrehten Film *Spiel der Götter (Phörpa – The Cup)* vor: die Geschichte einer Gruppe junger Mönche, die von der Fußballweltmeisterschaft regelrecht besessen sind. Quasi über Nacht wurde Khyentse Norbu selbst zum Star.

Kurz nach diesem Ereignis, das sein Leben so total veränderte, las ich ein Interview mit ihm. Er sprach über den buddhistischen Begriff der Wechselhaftigkeit – die Tatsache, daß alles sich in ständigem Wandel befindet, daß nichts auf Dauer gleich bleibt. Nicht-Buddhisten hielten dies für einen Makel, sagte er, weil es Verlust bedeute, aber er sehe auch die positiven Seiten. Ohne die Wechselhaftigkeit des Schicksals, witzelte er, »müßte ich verzweifeln, weil ich keinen BMW fahre. Wechselhaftigkeit bedeutet, daß sich mein BMW-loser Zustand jeden Augenblick ändern kann!«

Ich mußte unwillkürlich lachen, als ich das las, und sein Bonmot ist mir in Erinnerung geblieben. Denn wenn es darum geht, Geduld zu praktizieren, hilft es ganz ungemein, daran zu denken, daß sich die Dinge stets wandeln. Selbst wenn sie sich nicht so rasch verändern, wie wir es uns wünschen, oder der Wandel in eine andere Richtung geht als erhofft – auf eines können wir uns verlassen: Ändern werden sie sich.

Wenn wir ungeduldig sind, neigen wir dazu, die derzeitige Realität überzubewerten: So ist es, und so wird es immer bleiben. Ich werde mein Leben lang Windeln wechseln; ich bleibe immer allein; ich komme nie aus dem Schuldensumpf heraus; ich werde nie mehr gesund. Wenn wir uns in einer unangenehmen Situation befinden, sei sie ernst oder nicht, passiert es leicht, daß sich unser ganzes Denken und Fühlen auf unser Leid konzentriert und wir nicht mehr über den Tellerrand hinausblicken. Tiefe Verzweiflung überkommt uns.

Erinnern wir uns in einer solchen Situation daran, daß sich alles immerzu ändert, fällt das Ausharren leichter. Deshalb mußte ich lächeln, als ich das obenzitierte Sprichwort entdeckte: Lang heißt nicht für immer. Es kommt einem nur manchmal so vor.

Hat nicht Jesus Christus gesagt: »Auch das geht vorüber«? Alles geht vorüber. Diese Wahrheit schenkt uns in schlimmen Zeiten die Stärke und Hoffnung – und die Geduld – durchzuhalten. Denn es kommt garantiert auch wieder anders.

Schrauben sind genauso wichtig wie Flügel

»Wir können nichts Großes bewirken.
Wir können nur Kleinigkeiten tun, aber die mit Liebe.«
Mutter Teresa

Mutter Teresa besuchte eine Fabrik in Indien, als ihr ein Mann auffiel, der in einer Ecke saß und, vergnügt vor sich hin summend, Schrauben sortierte. »Was machen Sie denn da?« erkundigte sie sich. »Ich baue Flugzeuge«, antwortete er. »Flugzeuge?« fragte sie, etwas verständnislos. »Ja«, sagte er. »Ohne diese kleinen Schräubchen kann ein Flugzeug nicht fliegen.«

Ich finde diese Geschichte ganz wunderbar. Sie zeigt wieder einmal, daß man jeder Arbeit, und sei sie noch so stumpfsinnig, einen Sinn abgewinnen kann, wenn man sie in einen größeren Zusammenhang stellt. Dieser Mann wußte um die Wichtigkeit seines Beitrags, wie gering er auch sein mochte, und konnte seinen Job daher mit Freude und Geduld angehen.

Gerade im Berufsleben gibt es vieles, das unsere Geduld auf eine harte Probe stellt: allen Anforderungen nachkommen; uns auf der Karriereleiter nach oben arbeiten; der angemessene Umgang mit Vorgesetzten, Kollegen und Untergebenen. Wenn ich Unternehmen berate, Großkonzerne ebenso wie Kleinbetriebe, bin ich immer wieder überrascht, wie flexibel und positiv die Angestellten in den meisten Fällen sind – trotz ständiger Forderung nach höherer Produktivität und trotz der Vorgabe, mit immer weniger Mitteln immer mehr auf die Beine zu stellen. Obschon der eine oder andere murrt und stöhnt, krempeln im großen und ganzen doch alle Mitarbeiter die Ärmel hoch und packen die Sache an. Allerdings können und werden sie dies nur tun, wenn sie sich sicher sind, gebraucht zu werden.

Das Wirtschaftsmagazin *Fast Company* führte einmal eine Umfrage durch, warum Leute in einem Unternehmen bleiben. Geld rangierte dabei erst an fünfter Stelle. Als wichtigsten Grund nannten sie das Gefühl, geschätzt zu werden. Um Freude an der Arbeit zu haben, müssen wir den Eindruck haben, etwas Wesentliches zu leisten. Wie und in welcher Form dies geschieht, ist individuell natürlich ganz verschieden; allen Menschen gemein ist jedoch das Bedürfnis, Wertschätzung zu erfahren. Wenn wir unserer Fähigkeit vertrauen, an etwas Größerem mitzuwirken, und wenn wir auch die Beiträge anderer würdigen, haben wir automatisch auch mehr Geduld – was unsere eigene Tätigkeit angeht, aber auch die unserer Vorgesetzten, Kollegen und Mitarbeiter.

Nun ist Anerkennung durch andere schön und gut und sicher ein wichtiger Teil. Worauf es letztlich ankommt, ist jedoch unsere eigene Einstellung. Wir müssen einen tieferen Sinn in dem sehen, was wir tun – so wie der indische Fabrikarbeiter. Aus dieser Perspektive heraus können wir dann auf unser Ziel hinarbeiten – eine optimierte Verfahrenstechnik, eine bahnbrechende neue Erfindung, die Steigerung des Bruttosozialprodukts oder ein höheres ethisches Bewußtsein. Dann brauchen wir keine sofortigen Erfolge mehr, sondern können in Ruhe wirken – so wie Michelangelo, der volle vier Jahre lang, auf dem Rücken liegend, die Sixtinische Kapelle mit Fresken schmückte. Oder wie die Arbeiter am World Trade Center, die geduldig Millionen Tonnen Schutt durchkämmten, um einen Trauring zu finden oder einen Schlüsselbund – irgend etwas, was Hinterbliebene als Andenken an einen geliebten Menschen aufbewahren können.

Wo werden Sie gebraucht? Welche Leistung erbringen Sie? Was für ein Meisterwerk sind Sie berufen zu erschaffen – Schräubchen für Schräubchen?

Leben heißt warten

»Machen wir uns, frisch und fröhlich, denn ans Werk
in Haus und Garten. Immer tüchtig, immer strebend,
lernen Arbeit wir und Warten.«
frei nach Henry W. Longfellow

In seinem Buch *There is a Spiritual Solution to Every Problem* (dt.: *Die Macht von Liebe, Vergebung und Harmonie im Alltag*) berichtet Wayne Dyer, wie er einmal nach Griechenland flog, um dort an einem Rennen teilzunehmen. Seine Maschine verließ New York mit acht Stunden Verspätung – während der die meisten Fluggäste ruhelos und mürrisch herumliefen und sich beschwerten. Mit Ausnahme einer kleinen alten griechischen Dame, die schon weit in den Achtzigern war. Sie saß die ganze Zeit an einem Fleck, »so friedlich, wie man es sich nur vorstellen kann, und zeigte keinerlei Anzeichen von Verärgerung«.

Als endlich alle im Flugzeug saßen, war ihr Platz ganz in der Nähe von Wayne. »Sie lächelte mich an, und dann, ob Sie es glauben oder nicht, rührte sie sich die nächsten 13 Stunden nicht. Sie aß nichts, sie trank nichts, sie stand nicht einmal auf, und sie schaute auch keinen Film an – sie saß nur da, in derselben Haltung wie schon am Flughafen, immer mit demselben zufriedenen Gesichtsausdruck.« Als die Maschine in Athen landete, 22 Stunden nach der geplanten Abflugzeit, war sie »vergnügt, voller Energie und Freude« und begrüßte entspannt die Leute, die sie abholten.

»Bis zum heutigen Tag«, schreibt er, 20 Jahre später, »denke ich jedesmal, wenn ich in eine ähnlich ärgerliche Situation komme, an diese kleine, ganz in Schwarz gekleidete griechische Dame und versuche, mich mit einer Aura des Friedens und der Ruhe zu umgeben.«

Diese Dame in Schwarz wußte etwas, was viele Menschen heutzutage vergessen haben: daß ein Großteil des Lebens aus Warten besteht und daß uns nur die Wahl bleibt, ob wir diese Zeit glücklich oder erbärmlich verbringen wollen. Diese Lektion habe ich auf die harte Tour gelernt. Ich mußte in den letzten zweieinhalb Jahren beruflich sehr viel reisen, und ich hasse es. Kaum etwas erfordert soviel Wartezeit wie Flugreisen: warten auf den Flughafenbus, warten vor der Sicherheitskontrolle, warten auf das Einsteigen, warten auf den Abflug, auf das Aussteigen, auf den Bus, das Gepäck, den Mietwagen ...

Vor kurzem fragte mich mein Mann, warum ich bei der Aussicht, Schlange zu stehen, immer gleich rot sehe. Ich hatte keine Ahnung, was ich darauf antworten sollte – bis ich David Baily Harneds Buch *Patience: How We Wait Upon the World* las. Da stand es, schwarz auf weiß: Eines der Grundübel unseres Zeitalters der Ungeduld besteht in der anmaßenden Annahme, »warten sei nicht das Herz und das Zentrum des menschlichen Lebens, sondern eine lästige Begleiterscheinung. Wir sollten nicht warten müssen. Der Fortschritt sollte uns auch von der Notwendigkeit zu warten befreien; Wissenschaft und Technik haben uns von so vielen Abhängigkeiten befreit, warum also nicht auch davon?« Wie wahr, dachte ich. Die Gesellschaft sollte sämtliche Stolpersteine aus dem Weg räumen, damit man niemals und nirgendwo mehr anstehen und warten muß!

Mit dieser Ansicht bin ich nicht allein. Die meisten Menschen heutzutage halten Warten für einen Fehler im System, nicht für etwas Naturgegebenes. Dabei haben Menschen schon immer warten müssen – auf günstiges Wetter zum Säen, auf das Ende von Seuchen, auf die Rückkehr geliebter Menschen, die vielleicht jahrelang zur See fuhren – ohne Nachricht von diesen, ohne zu wissen, ob sie überhaupt noch am Leben waren. Der einzige Unterschied zu heute besteht in dem, worauf wir warten, nicht in der Tatsache des Wartens an sich.

Das Warten auf Dinge, die nicht unserer Kontrolle unterliegen, wird laut Harned mit wachsender Technologie und Komplexität sogar noch zunehmen. Untersuchungen zufolge verbringt der Durchschnittsmensch jedes Jahr elf Tage mit Schlangestehen – und da sind Verkehrsstaus, Flugzeugverspätungen und der mühsame Weg durch elektronische Warteschleifen und Computeransagen am Telefon noch gar nicht eingerechnet. Die Technik reduziert unsere Wartezeit nicht, sie verändert nur die Dinge, auf die wir warten.

Professor Harned hat mir geholfen zu erkennen, daß gewisse Prozesse zwar verbessert werden können, das Warten aber niemals gänzlich aus unserem Leben verschwinden wird. Und je bereitwilliger wir diese Tatsache akzeptieren – wie die griechische Flugpassagierin es tat –, desto zufriedener und ausgeglichener sind wir. Versuchen Sie daran zu denken, wenn Sie sich das nächste Mal durch einen elektronischen Stimmendschungel kämpfen, am Postamt endlos anstehen müssen oder wenn Ihr Computer wieder mal abstürzt.

Leben heißt, zumindest zum Teil, auch Warten.

Nachdenken statt neu kaufen

»Ich denke und denke, monate- und jahrelang, 99mal ist die Schlußfolgerung falsch. Beim 100. Mal finde ich mich bestätigt.«
Albert Einstein

Es ist noch gar nicht lange her, da schenkte ein Freund Don und mir einen Desktop-Computer, den er nicht mehr brauchte. Dieser Computer war mit einem DSL-Anschluß ausgerüstet, der sehr viel schneller war und auch die Telefonleitung entlastete. Wunderbar, fanden wir. Das Installieren sei ganz einfach, sagte man uns.

Leider ging es aber wie so oft im Leben: Theoretisch mag es leicht gewesen sein; die Praxis sah ganz anders aus. Don werkelte ewig daran herum, telefonierte mehrfach mit unserem E-Mail-Provider – und warf schließlich das Handtuch. »Ich schaffe das nicht«, stöhnte er. »Komm, wir kaufen einen neuen Computer.«

Nun bin ich von Natur aus sparsam, und das widersprach all meinen Prinzipien – Geduld inklusive. Warum einen höchstwahrscheinlich vollkommen intakten Computer wegwerfen, nur weil man sich nicht die Zeit nehmen will herauszufinden, wie er funktioniert. »Ruf Damian an«, schlug ich vor (das ist unser computergenialer Stiefsohn). »Bitte probier's noch mal. Ich finde, wir sollten nicht so schnell aufgeben.« Nun hatte ich natürlich leicht reden – ich war schließlich nicht derjenige, der bereits mehrere Stunden darauf verwendet hatte.

Don machte sich also wieder ans Werk, und ich sinnierte. Dons Reaktion war typisch. Unsere ganze Kultur unterstützt dieses Denken: Wenn etwas nicht funktioniert, wirf es weg und besorg es dir neu. Mach dir keine Gedanken über so überflüssige Dinge wie Geduld – kauf dich davon frei. Kauf einen neuen Wasserkocher, anstatt den alten zu reparieren. Zahl lieber Alimente, als dich mit einem Partner und Kind zu belasten.

Tag für Tag bombardiert uns die Werbung mit der Botschaft, daß das Leben keineswegs unerquicklich sein muß, kompliziert oder ärgerlich. Wir brauchen nichts anderes zu tun als ihr Produkt zu kaufen – und, voilà, alles läuft wie geschmiert. Greife zu neuen Produkten anstatt zu Geduld; ein neues Laufwerk anstatt etwas Lauferei.

Freilich bringt eine solche Einstellung mancherlei Probleme mit sich, nicht zuletzt die drückende Schuldenlast, die viele von uns mit sich herumschleppen. Der US-amerikanische Durchschnittshaushalt ist dem Magazin *Money* zufolge derzeit mit 8367 Dollar verschuldet, und auf jeden Dollar, den wir verdienen, kommen 1,22 Dollar, die wir ausgeben! (In Europa mögen die Zahlen etwas anders sein, die Tendenz aber ist dieselbe.) Und das ist nur die Spitze des Eisbergs.

Zugleich sorgt diese Denkweise dafür, daß wir viel zu rasch aufgeben und deshalb auch die geistigen und emotionalen Erfolgserlebnisse verpassen, die einen erwarten, sofern man nur durchhält und eine Sache zu Ende bringt: eine Meinungsverschiedenheit mit dem Partner ausdiskutiert, anstatt verzweifelt die Hände zu ringen und wütend das Haus zu verlassen; wie Einstein einen letzten Versuch startet, eine verzwickte Angelegenheit doch noch in den Griff zu bekommen; und, ja auch das, den Computer nicht gleich zum Wertstoffhof fährt, sondern ihm – und sich – nochmals eine Chance gibt. Solche und zahllose andere Situationen, die Geduld erfordern, lehren uns viel über uns selbst.

Wir merken plötzlich, daß wir über Einfallsreichtum verfügen, über Phantasie und Kompetenz, daß wir auf uns selbst zählen können, wenn uns das Leben vor eine Herausforderung stellt. Und wenn wir es schaffen, kommen wir in den Genuß eines Erfolgserlebnisses, das jemand, der keine Geduld hat und deshalb die Flinte vorzeitig ins Korn wirft, niemals erfahren wird. Der bequemere Weg ist nicht immer der lohnendere.

Das hat übrigens auch Don erfahren. Zwei Stunden, nachdem er lautstark verkündet hatte, er werde keinen Handgriff mehr an dieses Ding verschwenden, hatte er die Sache gemeistert. Es kostete keinen Cent – und die stolze Miene, mit der er mir die frohe Botschaft überbrachte, war einfach umwerfend!

Wohin so eilig?

»Zum Leben gehört mehr als der Versuch, es zu beschleunigen.«
Mahatma Gandhi

Denise gehört zu den bestorganisierten Leuten, die ich kenne. Sie verschwendet keine einzige Minute. Als Folge davon hat sie mit ihren 35 Jahren schon beeindruckend viel auf die Beine gestellt (unter anderem zwei Start-up-Unternehmen gegründet). Doch eines schönen Samstag morgens wurde sie aus ihrer zeiteffizienten Bahn geworfen.

»Mein Mann und ich wollten zusammen einkaufen gehen. In meiner leistungsorientierten Art hatte ich zwei separate Laufzettel geschrieben – einen für ihn und einen für mich. Ich hatte mir gedacht, so würden wir alles schnellstmöglich erledigen können. Aber als ich ihm seine Liste in die Hand drückte, machte er ein langes Gesicht. ›Oh‹, sagte er. ›Ich dachte, wir wollten das *zusammen* machen.‹ Für den Bruchteil einer Sekunde flammte in meinem Kopf ein rotes Lämpchen auf, dem ich aber weiter keine Aufmerksamkeit schenkte. Ich war viel zu beschäftigt damit, möglichst schnell voranzukommen. Wenig später verließ er mich. Da hatte ich dann plötzlich sehr viel Zeit zum Nachdenken. Und mir wurde klar, daß der Weg genauso wichtig ist wie das Ziel.«

Wohin wollen wir eigentlich mit solcher Hast? Wollte Denise Zeit mit ihrem Mann verbringen oder die Punkte auf ihrer Liste abhaken? So viele Menschen haben es immerzu so eilig, daß sie darüber das eigentliche Ziel ganz aus den Augen verlieren. Wir machen uns nicht mehr die Mühe, darüber nachzudenken, wohin wir eigentlich wollen und ob sich die Art und Weise, wie wir das Leben angehen, mit dem vereinbaren läßt, was uns wirklich wichtig ist.

»Sind Sie der erste, der vom Tisch aufspringt und anfängt, das Geschirr abzuräumen?« fragt Iyanla Vanzant. »In der ersten Klasse bekamen wir dafür einen Pluspunkt ... Damals wurde der Grundstein zu Übereifer und Unruhe gelegt. Wir wurden belohnt, wenn wir unser normales Arbeitspensum überschritten. Wir wurden angehalten, immerzu geschäftig zu sein.« Bis zum Erwachsenenalter ist daraus eine Gewohnheit geworden. Wir sind, in Iyanlas Worten, »Mehr-besser-schneller-Tuer«. Aber genießen wir das Leben auch? Nein, meint sie. »Mehr-besser-schneller-Tuer haben keinen Spaß an ihrer Arbeit; sie können nur einfach nicht damit aufhören.«

Was wäre, wenn es eine bessere Lösung gäbe als Eile und Hast? Es gibt sie. Der Sportpsychologe Gary Mack rät Spitzensportlern, nur 90 Prozent Leistung anzustreben. Halten sie sich daran, werden sie in der Tat schneller. Warum dem so ist? Weil Willkürmuskulatur in gegensätzlichen Paaren angeordnet ist – wie wenn man auf Bremse und Gaspedal gleichzeitig tritt. Wenn Leichtathleten nur auf 90 Prozent gehen, »wenden sie zwar viel Muskelkraft auf, entspannen aber die Gegenspieler-Muskeln, die sie daran hindern, optimale Leistung zu bringen«, erläutert Mack. Zielt man dagegen auf 100 Prozent, arbeiten die Muskeln gegeneinander.

Was würde passieren, wenn Sie in Ihrem Leben nur noch 90 Prozent Leistung anstreben? »Man muß nicht ständig etwas tun müssen«, sagt Iyanla. »Wenn Sie etwas zu tun haben, tun Sie es in einem Tempo, das Sie als angenehm empfinden ... aus dem Bewußtsein heraus, daß alles seine Zeit braucht und sich in eine höhere Ordnung fügt.«

Ist Ihnen das zu »hoch«, können Sie auch einfach an die bekannte Regel denken: »Wenn Sie in einem Loch stecken, hören

Sie als erstes auf weiterzugraben.« Wenn Sie das nächste Mal das Gefühl haben, ausgebrannt zu sein, legen Sie eine Pause ein. Hören Sie auf zu graben, hören Sie auf herumzurennen, und fragen Sie sich: Wohin habe ich es eigentlich so eilig? Ist es ein Ziel, das mir wirklich wichtig ist? Und falls ja, wie wäre es dann, wenn ich 90 Prozent Einsatz gebe, um 100 Prozent Erfolg zu haben?

Langeweile existiert nur im Kopf

»Wenn Menschen sich langweilen,
dann ist es in erster Linie ihr eigenes Ich, das sie langweilt.«
Eric Hoffer

Ana hat eine neue Marotte. Auf einmal ist alles, was sie nicht tun mag, »langweilig«. »Das ist langweilig«, heißt es, wenn ich vorschlage, eine bestimmte Geschichte zu lesen, oder ihr mitteile, daß wir jetzt einkaufen gehen. »Mir ist langweilig«, quengelt sie, wenn ich ihr sage, daß ich noch zwei Minuten brauche, bis ich mich ihr ganz widmen kann. »Wo hast du das bloß her?« frage ich, aber darauf weiß sie keine Antwort. Ich vermute, sie hat es einfach aufgeschnappt. Es scheint ja in der Luft zu liegen.

Überall klagen die Menschen über Langeweile. Offenbar gibt es heutzutage kaum noch etwas, was nicht langweilig wäre. Warten, bis das Essen fertig ist, ist langweilig – also ab in die Mikrowelle. Abwarten, wie sich die Handlung eines Films entfaltet, ist langweilig – also rasch die FF-Taste des Videorekorders gedrückt. Ein Buch von Anfang bis Ende zu lesen ist langweilig – Hypertext im Internet geht schneller. Wir sind süchtig nach rasanten Nintendo-Games, hektisch geschnittenen Musikvideos, Fernsehprogrammen mit Speed-up-Effekt (die Dialoge werden rascher abgespielt, als sie in Wahrheit gesprochen werden). Wir wollen, wir brauchen ständige Stimulierung – andernfalls langweilen wir uns.

Ein solcher Geschwindigkeitsrausch macht Spaß und ist erregend. Aber dieses Hochgefühl hat seinen Preis. Es geht auf Kosten unserer Konzentrationsfähigkeit, der Fähigkeit, in die Tiefe zu gehen, Dinge im Kontext zu verstehen und sich heute für etwas einzusetzen und anzustrengen, was vielleicht erst in ferner Zukunft Früchte trägt.

Daß das Etikett »langweilig« so vielen Tätigkeiten aufgepappt wird, ist ein relativ neues Phänomen. Der Begriff Langeweile – ein Gefühl innerer Leere und Mangel an Anregungen – war in dieser Bedeutung bis zum 18. Jahrhundert unbekannt. Heute bezeichnet er einen Zustand, der allgegenwärtig scheint und offenbar schlimmer ist als der Tod.

Psychologen sind zu dem Schluß gelangt, daß das Problem, das wir »dort draußen« vermuten – in dem Buch, dem Film, dem Job, der Beziehung –, in Wahrheit in uns selbst steckt. Langeweile, so meinen sie, resultiert aus der Unfähigkeit, auf Befriedigung warten zu können, und einer niedrigen Frustrationstoleranz. Beides übrigens Dinge, die auch unseren Erfolg im Berufs- wie im Privatleben stark beeinträchtigen.

Nennen wir etwas langweilig, sagen wir damit in Wahrheit nur, daß wir keine Geduld dafür haben. Anstatt die Ursache des Problems – und damit die Lösung! – bei uns selbst zu suchen, deuten wir mit dem Finger auf das, was das Gefühl auslöst, und erklären *es* zum Problem.

Natürlich kann man weite Strecken des Lebens als langweilig ansehen. Es gibt lange Passagen des Elternseins, in der Partnerschaft, in der Arbeit, in denen »nichts« geschieht – zumindest nichts Aufregendes. Wir können diese Zeiten langweilig nennen und versuchen, diese Langeweile mit irgendwelchen Ablenkungen aufzulockern. Wir können sie aber auch als Chance ansehen, als eine Gelegenheit, unsere Geduld auszuloten und einmal in uns zu gehen.

Probieren Sie es selbst aus. Versuchen Sie einmal, eine Woche lang nichts langweilig zu finden. Ertappen Sie sich dabei, wie Sie irgend etwas mit diesem Etikett versehen – den Verkehrsstau beispielsweise oder die Warteschleife am Telefon –, dann sehen

Sie es als Herausforderung an, dem Ganzen doch etwas Interessantes abzugewinnen. Sei es, daß Sie etwas Sinnvolles an der Situation selbst finden oder die Zeit für Überlegungen nutzen. Inwiefern verändert das Ihre Einstellung?

Genügend Aufmerksamkeit vorausgesetzt, ist nichts langweilig. Selbst Routinearbeiten werden zu einem Gewinn, einer sinnlichen Erfahrung. Wenn Sie sich ganz darauf konzentrieren, wie sich das warme Seifenwasser an Ihren Händen anfühlt, wenn Sie Geschirr spülen – inwiefern verändert das diese Tätigkeit? Oder beim Unkrautjäten: Was für ein Gefühl ist es, die Sonnenstrahlen auf dem Rücken zu spüren, sich zu bücken und zu strecken? Wie heißt doch gleich dieser graue Vogel, der da so neugierig aus sicherer Entfernung zuschaut? Für solche Gedankengänge haben wir gewöhnlich weder Zeit noch Muße. Dabei können sie unser Leben so sehr bereichern, indem sie uns auf vieles aufmerksam machen, was diese Welt an Wunderbarem und Erstaunlichem zu bieten hat.

Das Geheimnis von Regel Nummer sechs

»Nehmen Sie's nicht persönlich.«
Don Miguel Ruiz

Zwei Abteilungsleiter sind in einem Gespräch, da kommt ein Mitarbeiter des einen Abteilungsleiters hereingestürmt, das Gesicht puterrot, zornig die Fäuste geballt, und läßt eine Schimpfkanonade ab. Der Abteilungsleiter sagt: »Seien Sie doch so gut und beherzigen Regel Nummer sechs.« Woraufhin der Mann sofort seine Fassung zurückgewinnt, sich entschuldigt und den Raum verläßt. Dasselbe passiert noch zwei weitere Male. Schließlich kann der andere Abteilungsleiter sich nicht mehr zurückhalten. »Was, bitte, ist Regel Nummer sechs?« fragt er. »Nehmen Sie sich nicht so wichtig«, lautet die Antwort. »Das ist eine sehr schöne Regel«, sagt er. »Wie lauten die anderen?« – »Andere gibt es nicht.«

Ich finde diese Geschichte ganz wunderbar. Sie kann uns so vieles über Geduld lehren.

Ist Ihnen eigentlich schon einmal aufgefallen, daß besonders ungeduldige Menschen sich immer auch für besonders wichtig halten? Ich sollte mich mit so etwas nicht herumärgern müssen, scheinen sie zu sagen. Ich habe etwas Besseres verdient und Besseres zu tun. Ich bin viel zu wichtig, um hier zu warten. Alles dreht sich um mich – oder zumindest sollte es das. »Wissen Sie denn nicht, wer ich bin?« pflegte der höchst ungeduldige Vater einer Freundin mit Donnerstimme zu brüllen, wenn ein Ober oder Verkäufer nicht augenblicklich zu seinen Diensten eilte.

Es gibt noch eine andere köstliche Anekdote über den Zusammenhang zwischen Wichtigtuerei und Ungeduld. Der berühmte Dirigent Herbert von Karajan muß wohl ein recht ungeduldiger Mensch gewesen sein. Einmal soll er in ein Taxi gesprungen sein und den Fahrer angeschrien haben, er solle sich gefälligst beeilen. »Wohin soll's denn gehen?« fragte der Chauffeur. »Egal«, sagte von Karajan. »Ich werde überall gebraucht.«

Nun ist es natürlich immer ein Balanceakt, den goldenen Mittelweg zwischen einem gesunden Selbstwertgefühl auf der einen und überzogener Egozentrik auf der anderen Seite zu finden. Das richtige Gleichgewicht zwischen dem Bewußtsein, daß wir zwar ein wichtiger und wertvoller Mensch sind, aber eben nicht der Mittelpunkt des Universums.

Einer der Gründe, warum wir von Natur aus ungeduldig sind, ist der jedem Menschen latent innewohnende Glaube, das Leben müsse immer so spielen, wie wir es uns vorstellen – und daß irgend etwas verkehrt läuft, wenn es das nicht tut. Dieser Glaube entstammt dem infantilen Teil unseres Selbst, denn als Baby hat es ja in der Tat so funktioniert (oder hätte es zumindest sollen). Die Menschen, die sich damals um uns kümmerten, waren ja ausschließlich dazu da, unsere Bedürfnisse zu stillen. Alles drehte sich tatsächlich um uns.

Allerdings hielt dieser paradiesische Zustand nicht lange an. Wir mußten uns anpassen – was immer das in unserem persönlichen Fall auch bedeutete: mit Geschwistern klarkommen, feste Mahlzeiten einhalten, den Kindergarten besuchen etc. etc. Jedenfalls war das Leben nicht mehr dasselbe. Und je größer wir wurden, desto mehr mußten wir uns mit der Tatsache abfinden, daß wir – so großartig wir uns selbst auch finden mögen – nicht der Mittelpunkt des Universums sind. Und in gewisser Hinsicht beklagen wir diesen Verlust noch immer.

Deshalb sollten wir, wenn uns wieder einmal der Geduldsfaden zu reißen droht, daran denken, daß sich *nicht* alles um uns dreht und daß das, was geschieht, *nicht* persönlich gemeint ist.

Das Leben nimmt nur einfach seinen Lauf, ganz unvoreingenommen und unparteiisch, und je rascher wir uns mit dieser Tatsache abfinden, desto glücklicher und zufriedener sind wir. Wenn wir Regel Nummer sechs beherzigen, tun wir uns leichter und können auch Schicksalsschläge ein bißchen einfacher wegstecken.

Abschalten ist genauso wichtig wie einschalten

»Besser spät aufgestanden und dann hellwach
als früh aus den Federn gequält und den ganzen Tag schläfrig.«
Anonym

Ich hatte einmal eine Mitarbeiterin, die unglaublich hart arbeitete. Barbara rühmte sich, mehr Zeit im Büro zu verbringen als irgendwer sonst und niemals freizunehmen. Zum Urlaubmachen mußte ich sie regelrecht zwingen. Woran ich merkte, daß sie eine Auszeit brauchte? Sie wurde ungeduldig im Umgang mit Kunden und Kollegen und war insgesamt weniger belastbar.

Warum ist es so einfach zu erkennen, daß Kinder reizbar werden, wenn sie übermüdet sind, und so schwer zu verstehen, daß dasselbe auch für uns Erwachsene gelten könnte? Ich bin überzeugt, unsere Ungeduld hängt zu einem großen Teil damit zusammen, daß wir niemals abschalten. E-Mails, Anrufbeantworter, Pager, Handy – immer sind wir erreichbar, immer im Dienst. Bei einer Umfrage des weltweit führenden Anbieters von Mail- und Messaging-Systemen, Pitney Bowes, gaben 38 Prozent der Arbeiter und Angestellten an, sie würden durchschnittlich sechsmal in der Stunde unterbrochen, wenn nicht noch öfter. Unsere Arbeit beschäftigt uns rund um die Uhr. Daß das Wochenende zur Erholung gedacht war, scheint längst vergessen. Wir können uns keine Ausfallzeiten leisten.

Als wäre das nicht genug, werden wir ständig mit Informationen überflutet – aus dem Internet, aus Zeitungen und Zeitschriften, Fernsehen, Radio, Büchern. Wir fragen uns, warum so viele Menschen Probleme mit dem Kurzzeitgedächtnis haben, warum wir alle, um es mit den Worten von Rick Wagonheim von R/Greenberg Associates zu sagen, »an einem gewissen Aufmerksamkeitsdefizit leiden«. Unsere armen grauen Zellen schreien nur noch: »Wir können nicht mehr!«

All diese Stimulation hat eine Art mentale Rastlosigkeit zur Folge, die alles verschwimmen läßt und der diametrale Gegensatz von Geduld ist. David Shenk schreibt darüber in seinem Buch *The End of Patience*: »Wenn wir in höhere Inforegionen aufsteigen, wo die Informationen noch schneller kommen, müssen unsere Augen, Ohren und grauen Zellen immer mehr arbeiten, um Schritt halten zu können. Wir schaffen das, aber es geht auf Kosten von Ruhe und Konzentration … und führt zu einem fast schon krankhaften ›Multitasking‹, das wiederum die Schuld daran trägt, daß immer mehr Ideen immer häufiger nicht zu Ende gedacht werden. Und darüber gehen die Momente der Ruhe, die Zeiten der Reflexion, Kontemplation und Entspannung verloren.«

Dabei brauchen wir nicht nur Zeit zum Ausruhen. Wir brauchen auch ausreichend Schlaf. Die jüngsten Statistiken enthüllen, daß jeder Siebte gelegentlich an Schlaflosigkeit leidet und jeder Zehnte chronische Schlafprobleme hat. Der Durchschnittsamerikaner schläft heute 20 Prozent weniger als vor 100 Jahren – das sind anderthalb Stunden pro Nacht.

Nun klingt das vielleicht nicht besonders eindrucksvoll, aber Wissenschaftler haben herausgefunden, daß es alle möglichen Gesundheitsstörungen auslösen kann, darunter Bluthochdruck und erhöhte Blutzuckerwerte. Und die wiederum sind erwiesenermaßen Ursache von Unglücksfällen und Katastrophen wie in Tschernobyl, bei der Exxon Valdez und der Raumfähre Challenger. Viele Menschen bewegen sich in einem durch Schlafmangel bedingten Zustand, der ebenso gefährlich ist wie alkoholbedingte Trunkenheit.

Jeder Mensch braucht ausreichend Schlaf, und jeder Mensch

braucht auch Stunden, in denen er wach, aber nichts und niemandem verantwortlich ist und die Seele baumeln lassen kann. Andernfalls gehen uns früher oder später die geistigen und körperlichen Reserven aus, die wir zum Leben brauchen.

Jeder Mensch muß sich dieses Stückchen Freiraum schaffen. Ich für meinen Teil arbeite voll konzentriert von acht Uhr morgens bis sechs Uhr abends. Danach tue ich nichts Geschäftliches mehr. Und bis auf wenige Ausnahmen arbeite ich auch am Wochenende nicht. Eine Folge dieser »persönlichen Arbeitsregel« ist mehr Geduld. Umgekehrt merke ich sehr rasch, daß ich sehr leicht ungeduldig und reizbar werde, wenn ich diese Regel über längere Zeit verletze.

Die Baseball-Legende Satchel Paige hat es folgendermaßen formuliert: »Wenn dein Magen Ärger macht, leg dich hin, und beruhige ihn mit kühlen Gedanken.« Amen! Lernen Sie abschalten und beobachten Sie, wie Ihre Geduld ungeahnte Dimensionen annimmt.

Die Dinge in der richtigen Relation sehen

»Was spielt das schon für eine Rolle?
In 100 Jahren kräht kein Hahn mehr danach.«
Ralph Waldo Emerson

Kürzlich war der 4. Juli, unser amerikanischer Nationalfeiertag und ein verlängertes Wochenende, und Ana hing vier volle Tage an meinem Rockzipfel. »Mami, gehen wir jetzt baden? ... Mami, Mami, krieg ich einen Saft? ... Mami, Mami, können wir jetzt baden gehen? Mami, kann ich fernsehen? Mami, Mami, Mami ...« Beim 1372.mal hörte ich auf mitzuzählen, wie oft sie meinen Namen sagte. Irgendwann Sonntag abend bat ich sie, mich doch einmal zehn Minuten lang nichts zu fragen. Ich brauchte dringend eine Verschnaufpause. Ihre Reaktion darauf? »Warum?« (Worüber ich dann herzlich lachen mußte – Lachen ist übrigens ein ausgesprochen wirkungsvoller Gedulds-Booster.)

Daß ich diese vier Tage überstand, ohne einmal die Beherrschung zu verlieren, ist in erster Linie darauf zurückzuführen, daß ich es schaffte, Anas Verhalten in der richtigen Relation zu sehen. Was sind schon vier Tage endloser Fragerei auf ein ganzes Leben gesehen? Spielen die wirklich eine Rolle? Außerdem rief ich mir ins Bewußtsein, daß ich mich glücklich schätzen sollte, daß ihr meine Aufmerksamkeit so viel bedeutet. Nachdem ich schon Teenager großgezogen habe, weiß ich nur allzugut, daß die Zeit, in der ich ihr ein und alles bin, im Handumdrehen vorbei ist und daß ich diesen Zustand besser auskoste, solange er noch währt.

Wenn ich mir etwas Neues vornehme, lese ich jedes Buch zum Thema und studiere sehr genau die Menschen in meinem Bekanntenkreis, die diese Eigenschaft, die ich so gerne hätte, bereits besitzen. Ich beobachte, wie sie sich in konkreten Situationen verhalten, und ich stelle einen Haufen Fragen. Die Bücher vermitteln mir zwar das theoretische Hintergrundwissen, sind erfahrungsgemäß aber wenig hilfreich, wenn es um die Praxis geht. Im Falle der Geduld wurde viel darüber geschrieben, wie wichtig sie ist, aber man findet kaum etwas dazu, wie man sie richtig praktiziert. Deshalb war ich vorwiegend auf Freunde und Bekannte angewiesen, als es darum ging, mich in die Geheimnisse dieser Tugend einzuweihen, die so schwer greifbar ist.

Einer der wichtigsten Schlüssel zum Erfolg besteht darin, den »Störfaktor« – sei es Mensch, Ding oder was auch immer – in der richtigen Relation zu sehen. »Ich frage mich«, sagte eine Freundin, »ob das in fünfzehn Jahren oder auch in fünfzehn Tagen noch eine Rolle spielt. Oder in fünfzehn Minuten. Das funktioniert fast immer. Ich merke dann, daß das, weshalb ich im ersten Moment glatt aus der Haut fahren möchte, in Wahrheit gar nicht so wichtig ist.« Oder wie meine Freundin Dawna, die seit über 30 Jahren gegen den Krebs kämpft, mir gestern in einer E-Mail schrieb: »Heute sind mindestens 100 Dinge schiefgegangen, aber nichts davon ist so schlimm wie Krebs!«

Sobald es uns gelingt, was immer uns aufregt in der richtigen Relation zu sehen, werden wir automatisch geduldiger. Das hängt damit zusammen, daß sich unsere Aufmerksamkeit nicht mehr allein auf den einen ärgerlichen Umstand konzentriert – daß Don wieder einmal vergessen hat, den Müll runterzutragen; daß Vati sich, wieder einmal, nicht für unseren Besuch bedankt hat –, sondern das Ganze in die richtige Perspektive rückt. Der Anlaß schrumpft auf das Maß, das ihm eigentlich zukommt – ein kleines Ärgernis auf dem großen Weg des Lebens.

Aus diesem Blickwinkel heraus können wir einige wesentliche Fragen stellen: Ist das wirklich wichtig? Was *ist* an dieser Stelle wichtig? Jim ist ein wunderbarer Vater und liebevoller Partner. Welche Rolle spielt es verglichen damit, daß er ab und zu vergißt, den Müll rauszutragen? Was erwarten wir wirklich von unserer Beziehung? Liebe und Geborgenheit oder einen frischen Beutel im Mülleimer?

Geduld entsteht, wenn wir unseren Blick auf das Wesentliche heften und uns nicht in den Kleinigkeiten und Kleinlichkeiten des Alltags verrennen. Das ist so, wie wenn man eine Kamera mit Weitwinkel einerseits und Zoomobjektiv andererseits hat. Aus der unmittelbaren Nähe und Froschperspektive kann selbst ein Maulwurfshügel unüberwindbar wirken. Erst aus der Entfernung merken wir, daß es sich gar nicht um einen richtigen Berg handelt. Und das Beste daran ist: Sie halten die Kamera – und können das Objektiv wechseln, wann immer Sie wollen.

Tun Sie's auch!

Andere Menschen sind auch nur Menschen

»Ich bin gerne verheiratet.
Es ist wunderbar, den einen Menschen gefunden zu haben,
den man sein ganzes Leben lang ärgern möchte.«
Rita Rudner

Bevor ich meinen Ehemann kennenlernte, lebte ich 14 Jahre lang mit einem Mann namens Will zusammen. Die letzten sechs Jahre unserer Beziehung hatte er eine sehr verantwortungsvolle Position, die jede Menge Überstunden mit sich brachte. Ich wußte nie, wann er nach Hause kommen würde. Das war, bevor es Handys gab, und deshalb äußerte ich eine, wie mir schien, sehr bescheidene Bitte: Ruf mich bitte jeden Tag gegen fünf Uhr an und sag mir, wann du ungefähr aus dem Büro wegkommst. Damit ich das Abendessen vorbereiten und mich darauf einstellen kann.

Eine Kleinigkeit, meinen Sie? Er brachte es nicht fertig – zumindest nicht regelmäßig. Manchmal meldete er sich mehrere Tage hintereinander, dann vergaß er es wieder. Er steckte in einem Meeting. Er war am Flughafen. Wie auch immer – ich konnte ihn nicht dazu bringen, mir regelmäßig Bescheid zu geben. Je öfter er es vergaß, desto wütender wurde ich. Irgendwann war meine Geduld am Ende. Jeder noch so kleine Fauxpas erinnerte mich an all die Male, die er vergessen hatte, mich anzurufen. Er begann mir aus dem Weg zu gehen, weil ich nur noch jammerte und ihm Vorhaltungen machte.

Wenn es etwas gibt, was ich mir wünschte, viel früher gelernt zu haben, dann ist es dies: Niemand kann darüber bestimmen, wie sich ein anderer Mensch verhält. Niemand kann das. Ich nicht, und Sie auch nicht. Menschen sind schließlich auch nur Menschen. Trotzdem dreht sich so vieles im Leben – in der Arbeit ebenso wie daheim – darum, andere Leute dazu zu bringen, sich anders zu verhalten. Unsere Anstrengungen können dazu führen, daß jemand ein bißchen besser versteht, was wir wollen und warum wir uns etwas wünschen. Aber ob sich ein Mensch deshalb ändert oder nicht, bleibt ausschließlich seine eigene Entscheidung. Wir können ihm unsere Hilfe anbieten, aber wir dürfen nicht erwarten, daß er nach unserer Pfeife tanzt.

Ich habe es nicht in der Hand, ob mein Mann seine Rückenübungen macht oder nicht; ich kann ihm nur helfen, sie zu machen, wenn er das möchte. Ich habe es nicht in der Hand, ob meine Angestellten motiviert sind; ich kann nur Bedingungen schaffen, die die Wahrscheinlichkeit dafür fördern. Ich konnte nicht einmal bestimmen, wann meine Dreijährige sauber wurde; ich konnte sie nur immer wieder animieren, aufs Töpfchen zu gehen.

Die meisten Menschen blenden diese Tatsache gerne aus. Tim Gallwey hat eine Liste zusammengestellt, was zu verändern in unserer Macht steht und was nicht.

Nicht bestimmen können Sie: die Einstellung oder Aufnahmefähigkeit des anderen; wie gut er oder sie Ihnen zuhört; die Motivation und die Prioritäten des anderen; seine Verfügbarkeit; ob er Sie mag; ob er Ihre Argumentation versteht und nachvollziehen will; wie der andere das von Ihnen Gesagte interpretiert; ob er Ihren Standpunkt respektiert.

Bestimmen können Sie: Ihre eigene Einstellung dem anderen gegenüber; Ihre eigene Einstellung zum Lernen; wie gut Sie dem anderen zuhören; wie sehr Sie versuchen, sich in ihn hineinzuversetzen und seinen Standpunkt zu begreifen; die Rücksichtnahme, die Sie ihm entgegenbringen; wie Sie Ihre Begeisterung für seine Ideen zum Ausdruck bringen; wieviel Zeit Sie ihm schenken und wie lange Sie ihm geduldig zuhören; das Bild, das Sie von sich selbst haben.

Fällt Ihnen der grundlegende Unterschied zwischen den beiden Listen auf? Sie können *absolut nichts* kontrollieren, was einen anderen Menschen angeht, aber es liegt völlig in Ihrer Hand, wie Sie sich ihm gegenüber verhalten – und das wiederum hat natürlich wesentlichen Einfluß darauf, wie bereitwillig er seinerseits auf Sie eingehen wird.

Je eher wir die Tatsache akzeptieren, daß wir keinerlei Kontrolle über andere Menschen haben, desto leichter tun wir uns. Denn dann kämpfen wir nicht mehr gegen Windmühlen, sondern fangen an, unsere Aufmerksamkeit und Geduld in die richtige Richtung zu lenken – auf uns selbst nämlich und darauf, wie wir uns unter den gegebenen Umständen am klügsten verhalten.

Für den Umgang mit anderen Menschen gibt es keinen passenderen Ratschlag als diesen: »Gott gebe mir die Gelassenheit, die Dinge hinzunehmen, die ich nicht ändern kann, die Kraft, die Dinge zu ändern, die ich ändern kann, und die Weisheit, zwischen beidem zu unterscheiden.«

Es gibt Dinge, auf die zu warten sich lohnt

»Warten stärkt das Verlangen. Es hilft uns herauszufinden,
wo unsere wahren Wünsche liegen.
Es trennt vorübergehende Leidenschaften
von echten Sehnsüchten.«
David Runcorn

Vor längerer Zeit las ich in einem Artikel in der *New York Times*, J. K. Rowling habe Schwierigkeiten, Band fünf der Harry-Potter-Serie fertigzustellen, und ihre jugendlichen Leser verlören allmählich die Geduld. Ein Bub wurde sogar zitiert. Er sagte so etwas in der Art: Wenn sie sich nicht schickt, suchen wir uns halt etwas anderes, für das wir uns begeistern.

Diese Bemerkung hat mich tief erschüttert. Nicht weil ich mit Sicherheit hätte sagen können, daß der neue Harry Potter das Warten wert ist. Sondern wegen der Einstellung, die einer solchen Aussage zugrunde liegt: Ich erwarte, daß meine Wünsche sofort erfüllt werden, sonst bin ich weg hier. Wenn es sich um das dumme Geschwätz eines einzelnen handeln würde, hätte es mich nicht weiter tangiert. Aber ich fürchte, es spiegelt einen wachsenden Trend unserer Gesellschaft: Wir sind zu sprunghaft, um an etwas dranzubleiben, was wir (angeblich) wollen.

Das Paradoxe daran ist – so sagen Leute, die sich beruflich mit so was beschäftigen –, daß wir, wenn wir alles, was wir uns wünschen, sofort erhalten, übersättigt werden und das Interesse daran verlieren. Und zwar nicht nur daran, sondern ganz allgemein. Es ist das altbekannte Leiden derjenigen, die in extremen Reichtum hineingeboren sind – nichts bereitet ihnen mehr Freude, weil sie ja alles kennen und haben. Die menschliche Psyche ist so angelegt, daß man auf das, was man sich wünscht, hinarbeiten muß, um sich wirklich daran freuen zu können und echte Befriedigung zu empfinden. Fällt einem etwas in den Schoß, fehlt das Erfolgserlebnis. So simpel ist das. Denken Sie nur an den Geschmack frisch gebackenen Brotes, nachdem Sie darauf gewartet haben, daß die Hefe ihre Arbeit tut. Die Wartezeit regt den Appetit erst so richtig an.

Wie wahr das ist, habe ich erst vor kurzem wieder am eigenen Leib erfahren. Vor einigen Jahren war ich aus wirtschaftlichen Gründen gezwungen, mich zu verkleinern, und mußte von einem sehr schönen großen Haus mit Parkettböden in ein wesentlich kleineres, nichtssagendes umziehen, mit beigem Teppichboden in allen Räumen, auf dem ein Kleinkind und zwei Katzen naturgemäß sehr rasch sehr unschöne Spuren hinterlassen. Vom ersten Tag an haßte ich diese Auslegware und hätte sie am liebsten sofort herausreißen lassen. Doch das ging leider nicht. Deshalb sparte ich jeden übrigen Cent, und vier Jahre später konnte ich es mir endlich leisten, in sämtlichen Räumen Hartholzdielen zu verlegen. Wunderschöne goldbraune Eiche mit glatter, sanft schimmernder Oberfläche – jedesmal, wenn mein Blick darauf fällt, geht mir das Herz auf. Und siehe da – ich habe an diesem Boden ungleich mehr Freude als an dem in meinem früheren Heim. Weil ich darauf warten und dafür arbeiten mußte.

Wenn wir uns klarmachen, daß Warten tatsächlich sehr viel größeren Genuß bringen kann als die sofortige Befriedigung unserer Bedürfnisse und Gelüste, fällt es uns auch leichter, uns in Geduld zu üben. Hätte ich das gewußt, hätte ich mir jedesmal, wenn ich den widerwärtigen Teppichboden anschaute, sagen können: Stell dir nur vor, wie ungleich größer die Freude sein wird, wenn du endlich deinen Parkettboden bekommst!

Und Wartenmüssen hat noch einen weiteren Vorteil: Es hilft

uns herauszufinden, was wir wirklich wollen, was uns wirklich wichtig ist. Ich wollte den Holzboden am allerersten Tag, und 1460 Tage später wollte ich ihn immer noch. Er war nicht nur so eine Laune.

Sich bewußtzumachen, daß manche Dinge das Warten wert sind, erleichtert uns die Entscheidung, ob das Gewünschte wirklich wichtig ist. Wenn wir es dann endlich erhalten, ist die Freude um so größer, und wir schätzen es um so mehr.

Ende gut, alles gut

»Zuversicht ist der Glaube an das Unsichtbare,
die stille Überzeugung, daß das, was man sich wünscht,
auf irgendeine Weise zu irgendeiner Zeit
tatsächlich geschehen wird.«
Daphne Rose Kingma

Sara ist eine Jungunternehmerin Ende Zwanzig, die gerade ein Geschäft in einer schwierigen Branche eröffnet hat. »Ich ertappe mich ständig dabei, mich über meinen Partner und unsere Angestellten zu ärgern«, gesteht sie mir in einem Gespräch. »Er sagt unentwegt zu mir ›Entspann dich!‹. Und das schlimmste ist, ich denke, er hat recht. Meine Ungeduld macht die Lage keinen Deut besser. Aber ich schaffe es einfach nicht, das Ganze lockerer zu sehen.«

Nun verfügt Sara über ein hohes Maß an Selbsterkenntnis. Als ich sie fragte, was ihrer Ansicht nach der Grund für ihre Ungeduld sei, dachte sie eine Weile schweigend nach und sagte dann: »Oh, ich glaube, ich weiß es – ich fürchte mich vor der Zukunft. Ich habe solche Angst vor der Möglichkeit, daß wir scheitern, daß ich alle Hebel in Bewegung setze, um das zu verhindern. Dabei erhöht meine Ungeduld doch nur die Chancen auf einen Mißerfolg!«

Wie diese junge Frau sehr richtig erkannt hat, fördert der Glaube an einen guten Ausgang die Geduld. Wer voller Zuversicht auf ein Happy-End ist, bringt sehr viel mehr Geduld auf. Dazu braucht es freilich Vertrauen – Vertrauen in unsere eigenen Fähigkeiten, in unsere Partner und auf Gott und ein wohlmeinendes Schicksal. Garantie gibt es nämlich keine – weder so, noch so. Wir müssen so leben, als ginge es gut aus, ohne sicher sein zu können, ob das tatsächlich der Fall sein wird. Und das ist nicht immer einfach, insbesondere dann, wenn sehr viel auf dem Spiel steht.

Das Paradoxe daran ist, daß – obwohl es auch dafür natürlich keine Garantie gibt – allein aufgrund der Gelassenheit, die dieses Vertrauen hervorruft, die Wahrscheinlichkeit auf ein glückliches Ende steigt. Wenn wir voller Angst und Ungeduld sind, dann haben wir unser inneres Gleichgewicht verloren und sind damit von dem intuitiven Wissen abgeschnitten, das uns durch die bevorstehenden Schwierigkeiten geleiten könnte. Bringen wir hingegen ein gesundes Maß an Geduld mit, können all unsere Kräfte und Fähigkeiten, innere wie äußere, zum Einsatz gelangen und bei der Bewältigung des Problems helfen. So wird ein guter Ausgang ungleich wahrscheinlicher.

Vertrauen auf den glücklichen Ausgang eines Unternehmens zu haben bedeutet freilich nicht, daß wir untätige blinde Optimisten werden und den Kopf in den Sand stecken. Wir sollten vielmehr wohlüberlegt handeln und bei Bedarf seriösen Rat einholen und gegebenenfalls auch Unterstützung erbitten. Wir müssen unsere Lage klar einschätzen, auch wenn sie keineswegs rosig ist. Gewappnet mit einem gesunden Optimismus können wir dann die Fakten objektiv beurteilen und die besten Entscheidungen treffen.

Ich hatte einmal eine Klientin, die zu mir kam und sagte: »Mir bleiben noch zwei Wochen, dann muß ich Konkurs anmelden. Ich habe Vertrauen in meine Produkte und in mich selbst. Was würden Sie mir empfehlen?« Wir setzten uns eine Stunde zusammen, und dann ging sie. Ein halbes Jahr lang hörte ich nichts von ihr. Dann rief sie mich aus heiterem Himmel an und erzählte, sie habe einen Großhändler gefunden und sei wieder im Geschäft.

Nun ist das Vertrauen auf ein glückliches Ende natürlich keine Garantie dafür, daß alles nach Wunsch läuft. Geschäftsvorhaben scheitern, Beziehungen gehen in die Brüche; Aktienkurse steigen nicht nur, sie fallen auch. Letztlich müssen wir daran glauben, daß es auch dann, wenn es anders kommt als gewollt, zu unserem Besten ist. Wir haben Fähigkeiten in uns entdeckt, von denen wir nicht einmal wußten, daß wir sie überhaupt besitzen; wir haben Freundschaft geschlossen mit Menschen, die wir andernfalls nie kennengelernt hätten; und wir haben Talente entwickelt, die wir in unserem weiteren Leben sehr gut brauchen können.

Das hat auch Sara erkannt – daß, selbst wenn ihr Geschäft in die Binsen ginge, das nicht das Ende wäre. Sie würde dann immerhin von der Erfahrung profitieren – insbesondere, wenn sie das Ganze dazu nutzte, ihre Geduld, Weisheit und ihr Vertrauen zu stärken. Das allein wäre nämlich schon ein sehr glücklicher Ausgang.

Gut Ding will Weile haben

»Manche Dinge können nur mit viel Zeit geschehen.
Sie geschehen – die Zeit trägt sie.«
M. C. Richards

Vor ein paar Monaten verlor mein Mann seine Stelle, weil die Firma, für die er gearbeitet hatte, dichtmachte. Bei einem unverbindlichen Vorstellungsgespräch stieß er auf den idealen neuen Job – das Büro ganz in der Nähe, flexible Arbeitszeiten, was wegen unserer kleinen Tochter ganz wunderbar wäre, gute Sozialleistungen, und all das in *seinem* Fachbereich. Die Frau, mit der er sprach, hatte soeben beschlossen, daß sie Unterstützung brauchte.

Die beiden verstanden sich auf Anhieb, aber sie machte keinerlei Versprechungen. Die Stelle war bei einer großen öffentlichen Organisation und der Weg durch die Instanzen entsprechend lang. Es würde einen Monat dauern, so meinte sie, bevor sie ihm Bescheid geben könnte – so oder so.

Ein Monat verstrich. Don schaute sich weiter um, aber irgendwie war nie das Richtige dabei. Irgendwann rief die Frau an, um zu sagen, daß sich die Entscheidung noch hinziehen werde. Nach zwei Monaten überlegte er, ob er ihr ein Ultimatum stellen sollte, entschied dann aber – zumal diese Arbeit es wirklich wert erschien – geduldig abzuwarten. Drei Monate vergingen; er nahm eine andere, zeitlich befristete Stelle an. Mehrere Male war er stark in Versuchung, die Frau anzurufen und ihr die Leviten zu lesen, entschloß sich dann aber dagegen. Es war sicher besser, die Unterhaltung optimistisch anzugehen. Letzte Woche zahlte sich seine Engelsgeduld dann aus; die Lady sagte ihm zu, und gestern – auf den Tag genau vier Monate nach dem ersten Gespräch – erhielt er seinen Arbeitsvertrag.

Ich bin überzeugt, er bekam diese Stelle, weil er sich auf eine uralte Lebensweisheit besann: Gut Ding will Weile haben.

Daran mußte ich vor kurzem auch wieder denken, als mir eine Bekannte erzählte, was ihre 93jährige Großmutter immer feststellte: »Wenn man eine Erkältung hat, kann man jede Menge Medizin schlucken und Hühnerbrühe trinken, und sie ist in sieben Tagen vorbei. Oder man tut nichts dergleichen; dann dauert sie eine Woche.«

Mag sein, Sie leiden momentan weder an einer Erkältung, noch sind Sie arbeitslos. Aber die Chancen stehen gut, daß es in Ihrem Leben trotzdem Dinge gibt, die Sie einfach abwarten müssen, auch wenn Ihnen das gar nicht ins Konzept paßt: daß der richtige Mensch in Ihr Leben tritt; daß die Untersuchungsergebnisse zurückkommen; eine Gehaltserhöhung; die Nachricht, ob Ihr Kind die Aufnahme- oder Abschlußprüfung bestanden hat. Jeder Mensch erlebt immer wieder Situationen, in denen seine Geduld auf eine harte Probe gestellt wird.

Wenn wir uns bewußtmachen, daß das, was uns auf die Folter spannt, einfach seine Zeit braucht und garantiert nicht schneller geschieht, nur weil wir ungeduldig darauf harren, dann fällt uns das Warten tatsächlich leichter. Wir lassen die Dinge an uns herankommen, anstatt sie zu erzwingen. Ein Baby braucht volle neun Monate, um im Mutterleib heranzuwachsen. Wer will schon eine Frühgeburt? Wie wäre es also, wenn wir das, was wir beschleunigen möchten, als ein neues Leben ansehen, das eben seine Zeit braucht?

Je mehr wir uns mit der Tatsache aussöhnen, daß das Leben sein Tempo selbst bestimmt, desto mehr Geduld bringen wir auf. Und diese Art von Geduld, die weit darüber hinausgeht, sich mit nebensächlichen momentanen Ärgernissen abzufinden, bereichert unser ganzes Leben.

Es gibt nicht nur einen Weg zum Ziel

»Geduld ist etwas,
das wir bei dem Fahrer hinter uns bewundern,
nicht aber bei dem vor uns.«
Bill Mcglashen

Don und ich sitzen im Auto. Er fährt. Die Ampel vor uns schaltet auf Gelb. Anstatt Gas zu geben, bremst er ab. Ich seufze. Sie kennen diese Art Seufzen. Dieses Altes-Ehepaar-Seufzen. Dieses Du-stellst-meine-Geduld-auf-eine-harte-Probe-aber-ich-halte-meinen-Mund-Seufzen. Es wird Grün, und er fährt an, sehr viel langsamer, als ich es tun würde. Ich seufze wieder. Wir biegen in einen Parkplatz ein. »Da ist was frei«, sage ich und deute auf die erstbeste Lücke, die in Sicht kommt. Er fährt weiter, weil er eine finden will, von der aus wir nicht so weit zu laufen haben. Ich seufze.

Später denke ich über diese Seufzer nach und auch über die vielen tausend anderen, die ich im Laufe der zehn Jahre ausgestoßen habe, die wir zusammen sind. Es ist kein angenehmes Gefühl, die Geduld mit dem Menschen zu verlieren, den man liebt. Warum also passiert es mir so oft? Plötzlich kommt mir eine Erleuchtung – es ist, weil ich überzeugt bin, es gibt nur einen richtigen Weg, etwas zu tun. Meinen Weg.

In mir steckt eine Besserwisserin, die offensichtlich nichts Wichtigeres zu tun hat, als ein Urteil über die Menschen zu fällen, die mir am nächsten stehen. Und ich spreche nicht nur von Dingen, die es wert wären, daß man darüber ein Urteil fällt, Fragen der Moral und Ethik etwa. Nein, ich rede davon, jemanden dafür zu verurteilen, daß er bremst, wenn die Ampel auf Gelb schaltet, weil ich der Ansicht bin, es sei noch Zeit genug, sie bei Dunkelorange zu passieren. Die liebende Gattin in mir möchte sagen: »Hey, reiß dich zusammen! Laß ihn nur machen.« Aber die Besserwisserin hat mich voll am Schlafittchen, wenn es um meinen Mann geht, und sie ist eine höchst ungeduldige Lady. Alles muß nach ihren Vorstellungen ablaufen, nach ihrem Zeitplan. Sonst wird sie sauer.

Ich denke, Madame Besserwisser ist nicht allein. Unsere Intoleranz und Ungeduld resultiert zum Großteil daher, daß wir überzeugt sind, den einzig selig machenden Weg gefunden zu haben, während der Rest der Welt falschliegt – nur weil er nicht nach unserer Pfeife tanzt oder es wagt, eine eigene Meinung zu haben, die zufällig nicht mit der unseren übereinstimmt.

Vor kurzem begegnete mir ein Synonym für Geduld, das ich noch nie gehört hatte: »sanfte Vernunft«. Ist das nicht ein wunderbarer Ausdruck?! Er erinnert daran, daß wir – ein gerüttelt Maß Vernunft vorausgesetzt – erkennen, daß es mehrere Wege gibt, etwas zu erreichen. Die Menschen um uns herum sind, Gott sei Dank, anders als wir, und deshalb packen sie die Dinge auch anders an. Anders, nicht besser oder schlechter. Je weniger Zeit wir damit vertun, darüber zu urteilen, desto zufriedener sind wir. Außerdem geben wir den Menschen, die uns nahestehen, Kraft, wenn wir ihnen vertrauen – ihnen zutrauen, daß sie das, was sie tun, richtig machen. Wir vermitteln ihnen das Gefühl, daß wir sie für kompetent halten und ihre Urteilsfähigkeit schätzen.

Trotzdem ist der Teil in mir, der sich ein Urteil anmaßt, sehr ausgeprägt. Ich habe schließlich viel Zeit damit zugebracht, ihn zu nähren. Um ihn in den Griff zu bekommen, habe ich zusammen mit einer Freundin, die an sich ähnliche Züge entdeckte, einen Club gegründet. Wir nennen ihn den Besserwisserinnen-Club. Wir rufen uns an, wenn wir einmal mehr unsere Partner vom hohen Roß herunter betrachten, und helfen uns gegenseitig, wieder sanfte Vernunft und Logik walten zu lassen.

Außerdem halte ich mir den Rat einer weisen Frau, Peace Pilgrim, vor Augen, die einmal schrieb: »Über andere zu urteilen bringt keinen Vorteil, sondern verletzt die eigene Spiritualität. Nur indem man andere anhält, ein Urteil über sich selbst zu fällen, bewirkt man etwas Sinnvolles.«

Am wirkungsvollsten ist es meiner Erfahrung nach jedoch, wenn ich mich in solchen Augenblicken frage: Wer hat dich eigentlich zum Gott ernannt? Das erinnert mich daran, daß auch ich nicht unfehlbar bin, und das wiederum versetzt mich in die Lage, in dem Geben und Nehmen, das jede echte, von Liebe bestimmte Partnerschaft ausmacht, die mir zukommende Rolle zu spielen.

Hallo, Geduldslehrer

»Um Geduld zu üben, braucht man
einen echten Schurken als Helfer. Es hat keinen Sinn,
sie an sanftmütigen und freundlichen Wesen zu erproben,
denn der Umgang mit diesen erfordert keine Geduld.«
aus *Die Magie der Geduld*, ein Jataka-Märchen,
geschrieben um 300 v. Chr.

Meine Freundin Kate hat eine schwierige Schwester. Die beiden – Ruth ist neun Jahre älter als Kate – haben sich nie verstanden. Eines Tages unterhielten wir uns über unsere Geschwister, als Kate etwas Bemerkenswertes sagte.

»Ruth war unglaublich eifersüchtig auf mich, weil ich ihr den Einzelkindstatus wegnahm«, erklärte Kate. »Und obwohl das jetzt fünfzig Jahre her ist, herrschen immer noch Spannungen zwischen uns. Ich könnte darüber jammern und klagen, weil ich kein gutes Verhältnis zu meiner Schwester habe, aber genaugenommen bin ich ihr sogar zu Dank verpflichtet, weil sie meine beste Lehrerin ist. Die Geduld, die ich besitze, verdanke ich ihr. Es bedeutet mir viel, so gut wie irgend möglich mit ihr auszukommen, und deshalb habe ich gelernt, mich mit ihrer Kaltschnäuzigkeit abzufinden und zu geben, ohne dafür Freundlichkeit oder eine andere Gegenleistung zu erwarten.«

Was für eine unglaubliche Einstellung, dachte ich mir. Die Menschen, die uns am meisten abverlangen, in unserem Leben willkommen zu heißen, weil sie uns Geduld lehren.

Vor kurzem mußte ich wieder an Kates Bemerkung denken. Ich erzählte einer Klientin, daß ich ein Buch über Geduld schreibe. Sie hat eine Tochter im Teenageralter, die von Geburt an Lernprobleme hatte. »Wissen Sie«, sagte sie. »Ich hatte immer darum gebetet, geduldiger zu werden. Und dann erfüllte Gott meine Bitte – er schickte mir Tina. Und bei Gott, ich habe Geduld gelernt.«

Kate und meine Klientin haben mir beigebracht, Menschen, die uns herausfordern, als Lehrer anzusehen, nicht als Bürde. Diese Perspektive macht das Leben ungleich einfacher. Anstatt sich gegen Widerstände aufzulehnen, benutzen wir sie als Hilfsmittel, um weiser zu werden, freundlicher und geduldiger, nicht verbittert oder gar böse.

Es gibt eine tibetische Lehrgeschichte, die ungefähr so geht: Ein Mönch meditiert allein in einer Höhle hoch oben in den Bergen. Eines Tages kommt ein Hirte vorbei und fragt den Mönch ganz fasziniert: »Was tust du denn hier so ganz allein?« »Ich sinne über die Geduld«, antwortet der Mönch. Der Hirte, der sich bereits zum Gehen gewandt hat, ruft ihm daraufhin zu: »Nun, dann fahr zur Hölle.« »Zum Teufel«, schreit der Mönch zurück, »fahr *du* zur Hölle!« Und der Hirte lacht den ganzen Weg hinunter ins Tal.

Wie diese Geschichte zeigt, ist die Beschäftigung mit Geduld zwecklos, sofern wir sie nicht nutzen können, wenn wir sie am dringendsten brauchen. Der Hirte war ein großartiger Lehrer, denn er bewies dem Mönch, daß er nicht begriffen hatte, worum es bei Geduld wirklich geht. Nur wenn der Mönch den Hirten in diesem Licht zu sehen vermag, ist er auf dem richtigen Weg.

Indem wir uns den Menschen und Dingen, die uns herausfordern, öffnen, werden wir geistig und emotional flexibler und somit weniger anfällig, von irgendwelchen Widrigkeiten aus der Bahn geworfen zu werden. Sehen wir schwierige Menschen und Vorkommnisse als interessante Gelegenheit an, daran zu wachsen – nicht als Stolpersteine, die das Leben uns in den Weg legt. Aus dieser Warte fällt es uns leichter, das Leben zu genießen – ganz egal, was passiert.

Zwischen Übereile und Passivität

»Wenn es ein charakteristisches Merkmal gibt,
das den Mann vom Knaben unterscheidet,
dann vielleicht die Geduld.«
Lance Armstrong

Lance Armstrong ist ohne jeden Zweifel einer der größten Radfahrer, die jemals auf einem Rennrad saßen. Körperlich bringt er für diesen Sport die besten Voraussetzungen mit – sein Herz ist überdurchschnittlich groß, weshalb er mehr Sauerstoff verwerten kann als seine Konkurrenten. Er bringt Entschlossenheit mit, Mumm und die Fähigkeit, extreme körperliche Belastungen auszuhalten. Doch wie er in seinem Buch *It's Not About the Bike* (dt.: *Tour des Lebens*) festgestellt hat, konnte er das wichtigste Radrennen der Welt, die dreiwöchige Tour de France, erst gewinnen, als er gelernt hatte zu warten.

»Ich war ein Kurzstreckenfahrer: Zeigt mir die Startlinie, und, von Adrenalin getrieben, schalte ich einen Mitfahrer nach dem anderen aus ... Wenn man die Tour so anging, war man nach zwei Tagen draußen. Dazu braucht man einen längeren Atem. Bei der Tour geht es darum, die richtigen Kraftreserven zur richtigen Zeit anzuzapfen, die eigene Stärke einzuteilen, ohne überflüssige Bewegungen, ohne Energie zu verschwenden.«

Fast fünf Jahre lang fuhr Lance Radrennen in ganz Europa, bevor er das Warten lernte. Sein Trainer wies ihn wiederholt an,

Kräfte zu sparen. Aber er hielt sich eine Weile daran, dann wurde er wieder rückfällig. »Es wollte einfach nicht in meinen Kopf hinein, daß ich die Sache langsamer angehen mußte, wenn ich gewinnen wollte. Ich brauchte eine ganze Zeit, um mich mit dem Gedanken vertraut zu machen, daß Geduld etwas anderes ist als Schwäche ...«

Dann bekam er Hodenkrebs und wäre fast gestorben. Und während er gegen die Krankheit mit derselben Vehemenz ankämpfte, mit der er in die Pedale getreten war, wurde er reifer. Er lernte den Wert des Wartens. Und er gewann die Tour de France – dieses Jahr zum fünftenmal.

Genau wie der jüngere Lance Armstrong hatte ich immer irgendwie Angst, daß Geduld in Zaudern und Passivität umschlägt. Wann ist Abwarten richtig, wann ist es Zaghaftigkeit? Wann tue ich recht daran, nichts zu tun, und wann lasse ich mich von Menschen und Ereignissen einfach überrollen?

Die Leute, die ich wegen ihrer Geduld bewundere, scheinen ein Gefühl für das richtige Timing zu haben. Sie wissen, daß es Zeiten gibt, in denen man warten muß, und andere, in denen es zu handeln gilt. Und sie vertrauen auf ihr Gespür zu wissen, was wann angesagt ist. Nun hat jeder Mensch eine natürliche Neigung zu entweder Übereile oder Trägheit und tendiert in diese Richtung – sofern er nicht aufpaßt. Lance' jugendlicher Überschwang trieb ihn an, sogleich mächtig in die Pedale zu treten – weshalb ihm bei längeren Unterfangen die Energie ausging. Ein anderer wiederum wartet vielleicht zu lange – und verpaßt die Gelegenheit, sich an die Spitze des Feldes zu setzen.

Es gibt keinen großen Geduldsrichter im Himmel, der uns genau sagt, wann der richtige Zeitpunkt zum Warten oder Handeln ist. Aber wenn wir uns bewußtmachen, daß es Zeiten der Ruhe gibt und Zeiten extremer Belastung, dann schafft dies einen Freiraum, einen Ort der Ruhe, wo wir unsere Kräfte sammeln können und unsere gesamte Intelligenz – Intuition und rationales Denken – zum Einsatz kommt.

Ein ganz wesentlicher Teil der Geduld besteht darin, Vertrauen in unser Gefühl für das richtige Timing zu gewinnen. »Geduld und die Wahl des richtigen Zeitpunkts sind untrennbar miteinander verbunden«, schreibt Barry Boyce in einem Artikel in *The Shambhala Sun*. »Geduld, die uns mitunter Folterqualen abzuverlangen scheint, winkt mit reichem Lohn. Wenn wir aufhören, den Topf anzustarren, könnte es durchaus sein, daß das Wasser genau zum richtigen Zeitpunkt zu kochen beginnt.«

Jetzt reicht's!

»Die Menschen sind verschieden, Liebes. Völlig verschieden.
Manche können Dinge aushalten, die andere nicht ertragen.
Niemand weiß, wer wieviel auszuhalten vermag.«
Ann Petry

In den letzten zwei Jahren machte ich eine höchst aufregende Erfahrung in Sachen Geduld. Ich hatte mich entschlossen, meinen Verlag zu verkaufen, und einen potentiellen Käufer an der Hand, der großes Interesse bekundete. Wenn er das Geschäft übernahm, wäre ich für den Rest meines Lebens gut versorgt. Übernahm er es nicht, konnte der Konkurs blühen.

Der Mann ließ sich unendlich viel Zeit, aber es zeigten sich Fortschritte. Ab und an griff ich zum Telefon und versuchte, das Ganze zu beschleunigen, aber immer wieder vertröstete er mich – er mache bereits so schnell, wie es ihm möglich sei. An diesem Punkt hatte ich keinen weiteren Interessenten mehr – alle anderen hatten sich zurückgezogen. Folglich blieb mir nichts anderes übrig, als abzuwarten – neun endlose Monate lang –, bis er seine Unternehmensbewertung abgeschlossen hatte und zu einer Entscheidung gelangte.

Oft wachte ich mitten in der Nacht auf und wälzte Gedanken – vielleicht war ich bald bankrott, vielleicht würde ich nie wieder Geldsorgen haben. In der Schwebe zwischen diesen beiden Möglichkeiten schien es mir das klügste abzuwarten.

Eines meiner Hauptprobleme in puncto Geduld ist, daß ich manchmal denke, meine Wartetaste ist irgendwie defekt. Auf manche Dinge vermag ich jahrelang zu warten, auf andere keine zehn Sekunden. Ich bin mir nicht einmal sicher, nach welchen Kriterien ich vorgehe. Aber eines weiß ich ganz sicher: Es gibt viele Situationen, in denen man sagen sollte: »Jetzt reicht's. Jetzt bin ich mit meiner Geduld am Ende.« Zum Beispiel: »Ich warte jetzt nicht länger darauf, daß du zu trinken aufhörst. Lieber verlasse ich dich, als zuschauen zu müssen, wie du dich zu Tode säufst.« Oder: »Ich lasse mir diese verbalen und körperlichen Mißhandlungen nicht eine Minute länger gefallen.« Oder: »Wir reden jetzt seit zwei Monaten darüber und sind keinen einzigen Schritt weitergekommen. Ich denke, es ist an der Zeit, diese Geschäftsidee fallenzulassen.«

Nun kann ich, wie Ann Petry in dem Eingangszitat so treffend bemerkt, natürlich nicht sagen, wo Ihre Toleranzschwelle liegt und was bei Ihnen den Ausschlag gibt, denn ich bin nicht Sie. Ich kann nicht einmal mit Bestimmtheit sagen, wo dieser Punkt bei mir liegt, denn es hängt immer ganz von der jeweiligen Situation ab. Aber ich weiß, daß es sehr entscheidend ist, zu wissen, wann man aufhören muß, Geduld zu üben. Aber wann genau es soweit ist, können nur Sie selbst entscheiden.

Manchmal setze ich mir selbst eine Frist: Ich mache das jetzt sechs Monate so, und dann überdenke ich es noch mal. Eine Geschäftspartnerin von mir hat eine Drei-Meetings-Regel: Ist in drei Meetings nichts vorangegangen, ist das Projekt für sie gestorben. Bei manchen Gelegenheiten gehe ich auch nach dem Verbitterungsindikator vor. Wenn ich mich praktisch nur noch ärgere, ist es wohl besser zu sagen: »Schluß jetzt. Es reicht!«

Aber weil so viele Situationen nach soviel mehr Geduld verlangen, als wir uns vorstellen können, bewegen wir uns hier auf höchst unsicherem Terrain. Vielleicht sollten wir einfach noch einen Tag warten, noch eine Woche, noch einen letzten Weg versuchen. Es gibt so viele Geschichten von Leuten, die sehr viel Geduld und allein deshalb auch sehr großen Erfolg hatten.

Aus diesem Grund können nur Sie allein entscheiden. Horchen Sie in sich hinein, halten Sie Zwiesprache mit Ihrer inneren Stimme. Aber vergessen Sie darüber nicht, auch die äußeren Umstände zu berücksichtigen. Niemand kennt Ihre Grenzen besser als Sie selbst.

Erst kürzlich las ich einen Witz, der ebendiese Problematik durch die humorvolle Brille betrachtet: Ein älteres Ehepaar hat die Scheidung eingereicht. Der Richter wendet sich an die beiden: »Sie wollen also allen Ernstes nach 65 Jahren Ehe das Handtuch werfen?« Die Frau blickt den Richter an und sagt: »Euer Ehren, irgendwann reicht's.«

Wie meine eigene dramatische Wartegeschichte ausging? Der Mann kaufte mein Unternehmen nicht. Später übernahm es dann jemand anderer, und ich endete weder als Millionärin noch im Armenhaus. Aber ich habe immens viel darüber gelernt, was Warten heißt. Und ich fühle mich jetzt viel besser gerüstet, die Geduldstaste zu drücken, wenn es mir angebracht erscheint.

Hier und Jetzt

»Jeder Augenblick ist ein Anfang.
Und jeder Augenblick ist ein Ende.«
Mark Salzman

Eckhart Tolle ist ein Weisheitslehrer, der in seiner Jugend unter starken Angstzuständen und Depressionen litt und mehr als einmal mit dem Gedanken an Selbstmord spielte. Dann aber, es war an seinem 29. Geburtstag, hatte er ein Erleuchtungserlebnis, das in ihm eine tiefgreifende »Gegenströmung des Friedens« auslöste, die bis heute, 13 Jahre später, anhält. Was er erlebte, war die Macht des Jetzt.

»Sie müssen erkennen, daß Sie nichts weiter haben als den momentanen Augenblick«, schreibt er in seinem Bestseller *The Power of Now* (dt.: *Jetzt. Die Kraft der Gegenwart*). Schmerzen oder Gefühle des Hin-und-Hergerissen-Seins sind »immer eine Form von Nicht-Akzeptanz, eine Form von Widerstand gegen das, was ist … Was Sie haben, das wollen Sie nicht, und das, was Sie wollen, fehlt Ihnen.« Nehmen Sie die Gegenwart hingegen so an, wie sie ist, gibt es keine Probleme mehr – »nur Situationen, auf die man entweder sofort reagiert oder die man läßt und als Teil des Augenblicks akzeptiert, bis sie sich von selbst wieder ändern oder man sich in der Lage fühlt, etwas dagegen zu unternehmen«.

Tolles Worte sind für jeden, der sich in Geduld üben will, von weitreichender und entscheidender Bedeutung. Denken Sie an das letzte Mal, als Sie Ihre Geduld verloren. Passierte das, weil etwas Bestimmtes zum wiederholten Male geschah? Zum x-ten Mal verläßt er mitten in Ihrem Satz den Raum. Zum x-ten Mal vergißt sie, die Rechnungen zu bezahlen. Zum x-ten Mal bleibt es an Ihnen hängen, die Küche zu putzen.

Oder hatte es mit irgendwelchen Zukunftsängsten zu tun? Vielleicht der Sorge, daß Sie ein Projekt nicht rechtzeitig fertig bekommen oder daß sich Ihr Einsatz niemals auszahlen wird? In beiden Fällen hätte Ihre Ungeduld damit zu tun, daß Sie die Gegenwart verlassen – einmal ärgern Sie sich über die Vergangenheit, das andere Mal machen Sie sich Sorgen um die Zukunft.

Deshalb ist eines der wirksamsten Hilfsmittel in puncto Geduld das »Augenblicksbewußtsein«. Hier bin ich, in diesem Augenblick. Dieser Augenblick war nie zuvor da und wird nie wiederkommen. Ungeduld hat stets mit der Vergangenheit zu tun – das ist einfach schon viel zu oft passiert! – oder aber mit der Zukunft – wann wird das, was ich erwarte, geschehen? Leben in der Gegenwart dreht sich ums Jetzt, wo das, was ist, einfach ist.

Wenn wir ganz im Augenblick leben, machen wir uns keine Sorgen. Es gibt nichts, was uns nach hinten oder nach vorne zieht. Wir sitzen ganz einfach an einem verregneten Sonntag in einem Auto inmitten anderer Autos. Wir sind am Computer und lesen unsere E-Mails. Wir bereiten das Abendessen vor.

Geduld ist die Bereitschaft, im Augenblick zu leben und diesen so zu nehmen, wie er ist. Auch wenn wir uns wünschen oder hoffen und beten, daß es sich eines Tages ändern wird, schenkt Geduld uns die Fähigkeit, im jetzigen Augenblick so glücklich und zufrieden zu sein, wie es nur geht.

Das scheint einfach, wenn alles glattgeht. Aber es ist auch das Geheimnis, wie man widrige Zeiten übersteht. Der evangelische Theologe Dietrich Bonhoeffer wußte darum. In *Widerstand und Ergebung. Briefe und Aufzeichnungen aus der Haft* schreibt er, es sei Kennzeichen des erwachsenen Mannes, daß er sein Zentrum dort finde, wo er im Augenblick weile.

Jeder Mensch hat seine eigene Art und Weise, diesen Augenblick zu finden. In Aldous Huxleys Roman *Eiland* wird Papageien beigebracht, unentwegt »Achtung, hier und jetzt. Achtung, hier und jetzt« zu krächzen. Damit es die Insulaner nur nie vergessen.

Nun wollen wir es natürlich nicht den Papageien gleichtun, aber probieren Sie doch einfach einmal eine simple Technik aus, die Thich Nhat Hanh entwickelt hat. Sagen Sie sich beim Atmen: Ich atme ein, ich atme ganz bewußt ein. Ich atme aus, ich atme ganz bewußt aus. Sie werden staunen, wie ruhig – und geduldig – Sie sich innerhalb weniger Sekunden fühlen. Aus dieser inneren Ruhe heraus fällt es nämlich viel leichter, das Leben so nehmen, wie es kommt. Augenblick für Augenblick.

4

Angewandte Geduld

»Der schnellste und sicherste Weg, zu Ehren zu kommen,
besteht darin, das zu sein, was man zu sein scheint.
Sämtliche Tugenden des Menschen wachsen und werden stärker,
wenn man sie stetig übt.«
Sokrates

Das Ziel eines jeden Geduldschülers besteht darin, seine Selbstbewußtheit zu stärken. Der neueren Hirnforschung zufolge liegt zwischen einem Impuls und einer Reaktion etwa eine halbe Sekunde. Selbstbewußtheit verlängert diese Zeitspanne um noch einmal eine halbe Sekunde. Mit anderen Worten: Bewußtheit verdoppelt die Zeit zwischen Impuls und Aktion. Diese halbe Sekunde ist der Zeitraum, in dem sich uns Geduld als mögliche Option anbietet. Ohne diese Pause würden wir allein aus dem emotionalen Teil des Gehirns heraus handeln, der ausschließlich auf unsere augenblicklichen Wünsche ausgerichtet ist und sich einen feuchten Kehricht darum schert, ob das auch langfristig die klügste Lösung ist.

Aus diesem einfachen Grund stärken alle hier aufgeführten Übungen die Aufmerksamkeit und erweitern damit das Spektrum Ihrer Wahlmöglichkeiten. Anfangs ist das Ganze ein sehr bewußter Prozeß, in dessen Verlauf wir den Impuls bemerken, mit der üblichen Hast zu reagieren, dann aber bewußt einen anderen Weg einschlagen und uns für die Geduld entscheiden. Je öfter wir dies tun, desto automatischer wählen wir die Geduld, und schließlich geht uns diese so in Fleisch und Blut über, daß wir uns für sie entscheiden, ohne überhaupt darüber nachzudenken.

Standortbestimmung

»Wenn wir uns nicht dagegen sträuben,
wenn wir uns nicht für das hassen,
was wir erfahren, dann geschieht etwas:
Uns geht das Herz auf ...«
Sharon Salzberg

Vor ein paar Jahren fiel mir zufällig Robert Fritz' Buch *The Path of Least Resistance* (dt.: *Der Weg des geringsten Widerstands*) in die Hände. Es handelt von der bewußten Veränderung: wie Menschen und Organisationen sich mit voller Absicht ändern. Sein Prinzip, das auf den Gesetzen der Physik basiert, ist ganz simpel: Wir fangen damit an, uns die unverblümte Wahrheit einzugestehen: was wir wollen und wo wir uns gerade befinden, und zwar ebenso wert- wie vorurteilsfrei.

Um mehr Geduld zu entwickeln, müssen wir zuerst herausfinden, wie geduldig wir bereits sind. Fritz vertritt die Auffassung, daß es wenig Sinn hat zu sagen, man strebe »mehr« Geduld an. Denn was ist »mehr«? Wie wollen Sie es messen? Um festzustellen, wo man sich befindet und wo man hinmöchte, braucht man eine Quantifizierungsmethode. Da Geduld, wie wir bereits festgestellt haben, nichts ist, was man hat oder nicht, sondern sich je nach Zeitpunkt und Umständen einmal mehr und einmal weniger praktizieren läßt, wollen wir versuchen, sie auf einer Skala zwischen –5 und +5 zu messen (wobei –5 den schlimmsten vorstellbaren Ungeduldszustand markiert und +5 die Geduld in Person).

Denken Sie einmal an Ihr eigenes Leben: Welche Verhaltensweisen und Gefühle wären für Sie eine −5? Welche eine +5? Bei mir hieße −5, daß ich irgendeinen Gegenstand in die Ecke pfeffere oder jemandem wirklich böse Worte an den Kopf werfe. Es wäre wie ein tosender Orkan, über den ich keinerlei Kontrolle mehr habe. Eine +5 dagegen wäre, wenn ich total ruhig bleibe, obwohl Ana herumtrödelt und ich in 20 Minuten in einem wichtigen Meeting sein und sie vorher noch im Kindergarten absetzen muß – und ich mir trotzdem die Zeit nehme, ihr aufmerksam zuzuhören und auf sie einzugehen.

Von diesen beiden Extremen ausgehend: Bei welchem Wert möchten Sie gerne sein, und auf welcher Stufe verbringen Sie den größten Teil Ihrer Zeit? Ich persönlich wäre gern bei 4,5, bin wahrscheinlich aber kaum bei 2.

Wenn wir ehrlich zu uns sind, dürfte zwischen den beiden Werten (Ist- und Sollwert) eine breite Kluft liegen. Diese Kluft ist laut Fritz eine gute Sache. Er nennt sie kreative Spannung, denn sie ermöglicht die Entstehung von etwas Neuem, indem sie Energie von der jetzigen Realität abzieht und diese hinlenkt zu dem gewünschten Ergebnis. Wir brauchen uns nicht einmal Gedanken darüber machen, wie das genau vor sich geht, meint Fritz. Nehmen Sie einfach eine schonungslos ehrliche Standortbestimmung vor (wo befinde ich mich?), probieren Sie – immer Ihr Ziel vor Augen – ein paar Dinge aus und warten Sie ab, was passiert.

Probieren Sie's einfach. Überlegen Sie, welche Werte für Sie realistisch sind, und schreiben Sie die Zahlen auf. Machen Sie einige Übungen aus diesem Kapitel, die Ihnen zusagen. Nach einem Monat (so lange müssen Sie schon Geduld haben) machen Sie den Check erneut: Welche Werte haben Sie jetzt?

Morgendliches Einstimmen

»Man braucht eine Weile, um zu merken, daß die Art, wie wir den Tag beginnen, das Tempo für alles Nachkommende vorgibt.«
Tracy D. Sarriugarte und Peggy Rowe Ward

Eine Freundin von mir ist Kindergärtnerin. Vor einiger Zeit verriet sie mir eines ihrer großen Geheimnisse für den Umgang mit Kindern: »Wenn du dich gleich nach dem Aufstehen 20 Minuten ganz deinem Kind widmest, geht der ganze Tag merklich leichter über die Bühne. Der kleine Racker läßt sich dann problemloser für Schule oder Kindergarten fertig machen, klammert weniger, wenn du ihn dort absetzt, und auch abends läuft alles viel reibungsloser.« Ich befolgte ihren Rat und war überrascht, wie gut er funktioniert. Als ich sie daraufhin ansprach, erzählte sie mir, ich würde nicht glauben, wie viele Eltern ihr sagen, sie hätten keine 20 Minuten übrig – und deshalb den lieben langen Tag mit ihren Kindern im Clinch liegen und dafür letztlich weit mehr als diese 20 Minuten aufwenden.

Für mich ist das wieder einmal ein lehrreiches Beispiel, wie viele Leute immer am falschen Ende sparen – nicht nur Geld, sondern eben auch Zeit. Und es zeigt auch, wie sehr die Art und Weise, wie man den Tag anfängt, dessen restlichen Verlauf bestimmt. Viele Leute, insbesondere Frauen, haben mir erzählt, daß sie allen Ereignissen des Tages mit viel größerer Gelassenheit begegnen, wenn sie sich morgens gleich nach dem Aufwachen ein bißchen Zeit für sich nehmen, und seien es nur zehn Minuten. Als Eltern oder Kinder, Ehepartner, Kollegen oder Verkehrsteilnehmer, in welcher Rolle auch immer – ein paar kostbare Minuten für uns allein zum Einstimmen auf den Tag, und wir sind umgänglicher und nicht mehr so leicht aus der Bahn zu werfen.

Geduldsmangel rührt fast immer von der Tatsache her, daß so viele ständig an uns zerren, daß uns überhaupt keine Zeit bleibt, uns um uns selbst zu kümmern. Kein Wunder, wenn wir keine Geduld mit anderen haben – wir haben ja auch keine fünf Minuten für uns selbst!

Nehmen Sie sich jetzt – ja, gleich jetzt – einen Augenblick Zeit und überlegen Sie, wo Sie am Morgen ein paar kostbare Einstimmungsminuten einschieben können. Ich wache normalerweise vor Don und Ana (und dem Wecker) auf und genieße diese Zeit, wo ich einfach im Bett liegen kann und niemand etwas von mir erwartet. Aber Sie können auch zehn Minuten ruhig im Auto vor dem Büro sitzen, bevor der Arbeitsalltag Sie voll vereinnahmt, oder vor der Schule, wenn Sie Ihren Nachwuchs abgesetzt haben.

Diese paar Minuten sind Ihre Chance, sich auf den vor Ihnen liegenden Tag vorzubereiten. Wie fühlen Sie sich? Was beschäftigt Sie? Was wünschen Sie sich? In welchen Punkten könnten Sie jemanden um Hilfe bitten? Mit welcher Stimmung möchten Sie den Tag beginnen – einem Gefühl von Freiheit, Seelenfrieden, Optimismus?

Nehmen Sie sich dann abends noch einmal eine Minute Zeit – länger dauert es nicht! –, und lassen Sie den Tag Revue passieren. Hat Ihre morgendliche Einstimmung etwas bewirkt? Waren Sie ein bißchen gelassener und flexibler? War das Grundgefühl vorwiegend positiv? Was hat geklappt, was nicht? Der Lernprozeß setzt häufig nach einer Erfahrung ein, wenn wir innehalten und das Erlebte reflektieren.

Probieren Sie es eine Woche lang aus, und entscheiden Sie dann, ob es etwas ist, das Sie in Ihr Leben integrieren wollen. Ich jedenfalls möchte es unter keinen Umständen missen. Unser Geduldsvorrat nährt sich aus der Aufmerksamkeit, die wir unseren eigenen Bedürfnissen zuwenden.

Wo fällt es mir leicht, geduldig zu sein?

»Man braucht viel Geduld, um zu lernen,
wie man sich in Geduld übt.«
Stanislaw J. Lec

Als wir Ana in China adoptierten, war sie ein Jahr alt und in einem schlimmen Zustand. Sie konnte sich nicht einmal vom Bauch auf den Rücken drehen, wog gerade mal 14 Pfund und hatte Verbrennungen zweiten Grades am Po, vom permanenten Liegen in ihrem Urin. Sobald mein Blick auf dieses wunderschöne Kind fiel, das 13 Monate lang vor sich hin vegetiert hatte, erwachten schlagartig alle Mutterinstinkte in mir. Ich kam zu dem Schluß: Dieses kostbare Geschöpf braucht nichts weiter als Liebe und Aufmerksamkeit, und dann wird es blühen und gedeihen.

Von diesem Augenblick an hatte ich alle Geduld der Welt. Ich ignorierte die Tabellen mit den Entwicklungsstufen, die in der Praxis des Kinderarztes hingen und genau beschrieben, was ein Kleinkind in welchem Alter können sollte. Ich ignorierte die Tatsache, daß alle gleichaltrigen Kinder größer und schwerer waren. Ich ignorierte es, als sie mit drei Jahren zu stottern begann, und gab ihr Zeit, das Problem zu überwinden.

Don und ich ließen sie in unserem Bett schlafen, bis sie vier war, und ließen sie – von den Stunden im Kindergarten abgesehen – buchstäblich keine Minute allein. Heute ist sie fünfeinhalb und ein aufgewecktes, intelligentes Kind, das sich hervorragend artikulieren kann, Hula-Hoop-Meisterin in ihrer Kindergartengruppe ist und sich schon aufs Eingeschultwerden freut.

Ana ist der lebende Beweis, daß Liebe wahre Wunder wirken kann, sie ist aber auch ein Schlüssel zum Verständnis meiner Geduld. Ich habe ungeheuer viel Geduld mit Menschen. Gelegentlich bin ich frustriert, ärgerlich oder sogar richtig wütend, aber letztlich siegt dann doch immer wieder meine Geduld. Niemals könnte ich ein Lebewesen aus meinem unmittelbaren Umfeld aufgeben.

Auch Sie haben ein immenses Geduldpotential für etwas Bestimmtes, und je mehr Sie darüber herausfinden, in welche Richtung Ihre Geduld geht, desto effektiver können Sie sie auch bei anderen Gelegenheiten einsetzen. Hier ein paar praktische Tips für den Anfang: Nehmen Sie sich ein paar Minuten Zeit, und machen Sie eine Liste der Dinge, für die Sie mühelos Geduld aufbringen. Haben Sie Geduld mit Menschen? Mit Erwachsenen und Kindern, oder für die einen mehr als für die anderen? Mit Tieren? Oder, wie meine Tochter, für Handarbeiten? Halten Sie bis zum Ende durch, egal wie lange etwas dauert und wie mühevoll es auch sein mag? Wo und wie kommt Ihre Geduld auch äußerlich zum Ausdruck?

Nun schauen Sie sich Ihre Liste an und suchen das Erfolgsmuster. Überlegen Sie, woran es liegen könnte, daß Sie für diese Dinge problemlos Geduld aufbringen. Wahrscheinlich sind Sie sich dessen nicht bewußt, aber Sie tun dabei etwas, was Ihre Geduld mobilisiert. Möglicherweise ist es ein Gefühl, das Sie haben, ein Bild vor Ihrem geistigen Auge, ein Satz, den Sie sich sagen. Irgend etwas machen Sie, das Sie befähigt, am Ball zu bleiben.

Als Bob, ein Klient von mir, diese Übung machte, entdeckte er, daß er unendlich viel Geduld hat, wenn es um technische Defekte bei allen möglichen Geräten geht. Er sieht dann ein Bild von sich, wie er früher damit Erfolg hatte, und das gibt ihm die Zuversicht, auch dieses Problem zu meistern. Ich meinerseits habe Geduld, weil tief in mir der Wunsch steckt, andere Lebewesen zu fördern. Wenn ich dieses Gefühl habe, ist meine Geduld schier grenzenlos.

Haben Sie erst einmal Ihr Erfolgsmuster durchschaut, können Sie es auch in Situationen anwenden, die Ihre Geduld normalerweise auf eine (zu) harte Probe stellen. Beispielsweise meistere ich Wartesituationen jetzt besser, weil ich sie als Gelegenheit ansehe, mein eigenes Wachstum zu fördern. Bob, der bei seinen Kindern oft die Geduld verliert, stellt sich jetzt jedesmal, wenn ihm der Kragen zu platzen droht, das Bild eines erfolgreich bewältigten Problems vor. Seitdem bringt er seinem Nachwuchs sehr viel mehr Verständnis entgegen und rastet daheim nur noch selten aus.

Sie haben Geduld. Indem Sie das Wo und Wie erkennen, können Sie lernen, sie auch dort einzusetzen, wo Sie sie besonders nötig haben.

Geduldskiller dingfest machen

»Geduld wird durch den rationalen Prozeß
genauer Untersuchung gefördert.
Wir müssen unser Geduldstraining in einem
Zustand der Ruhe und Entspannung beginnen,
nicht wenn wir verärgert sind.«
Dalai Lama

Mein Vater war ein ungemein sanftmütiger und ausgeglichener Mensch. Meistens jedenfalls. Und ich war ein braves Kind, das ihm nur Freude machen wollte. Meistens jedenfalls. Aber von Zeit zu Zeit verlor er jegliche Geduld mit mir. Dann knirschte er mit den Zähnen, schob das Kinn vor und knurrte mich in drohendem Tonfall an. Was ich Schreckliches verbrochen hatte? Mir die Zähne außerhalb des Badezimmers geputzt!

Daran mußte ich denken, als mir neulich die Mutter einer von Anas Freundinnen gestand, daß es ihr in der Frühe am schwersten fällt, Geduld mit ihren drei Kindern zu haben. »Ich habe keine Ahnung, woran das liegt«, sagte sie. »Womöglich am Druck, alle rechtzeitig aus dem Haus zu kriegen? Aber fast jeden Morgen reißt mir die Geduld.«

Das brachte mich dazu, zu überlegen, wann ich am ehesten die Geduld verliere. Natürlich fällt mir sofort das Schlangestehen ein. Aber auch manuelle Tätigkeiten sind heikel. Wer immer den Ausdruck »zwei linke Hände« geprägt hat, muß dabei an mich gedacht haben. Alles, wozu ich beide Hände brauche, ist eine Herausforderung für mich. Das war schon immer so. Der Handarbeitsunterricht war die Hölle, und als Knopflöcher auf dem Lehrplan standen, hätte ich am liebsten die Nähmaschine aus dem Fenster geworfen.

Auch heute noch bin ich das personifizierte »hilflose Weibchen«, wenn es um Dinge geht, die manuelles Geschick und/oder technisches Verständnis verlangen. Beim Kochen, einer meiner Lieblingsbeschäftigungen, meide ich alle Rezepte, bei denen man irgend etwas sorgfältig aufrollen oder füllen muß – es könnte nämlich leicht passieren, daß eine Hähnchenbrust in hohem Bogen durch die Küche fliegt.

Was löst bei Ihnen Ungeduld aus? Jeder Mensch hat seine eigenen Geduldskiller. Für meine Mutter ist es äußere Unordnung – herumliegende Spielzeugberge, Kleider auf dem Fußboden, ungemachte Betten. Für meinen Mann ist es Unterbrochenwerden, wenn er in etwas vertieft ist. Für meine Freundin Debra sind es Warteschleifen, bei denen man nie an einen menschlichen Gesprächspartner kommt. Überlegen Sie einen Augenblick, und notieren Sie – mental oder auf einem Zettel –, wann und wo Sie am ehesten dazu neigen, die Geduld zu verlieren.

Wenn wir uns ganz klar bewußtmachen, was uns ausflippen läßt, verbessert das unsere Chancen, angemessen darauf zu reagieren. Hassen oder verachten wir uns einfach nur dafür, daß wir ungeduldig werden, wenn jemand langsam spricht, oder daß wir unsere Kinder anbrüllen, ändert das gar nichts. Genaugenommen hat es sogar einen Bumerangeffekt, der dieses Verhaltensmuster noch tiefer verankert – wir handeln so, dann geißeln wir uns dafür, daß wir so gehandelt haben, und dann tun wir es genauso wieder, sogar verstärkt. Gelingt es uns dagegen, die eigene Neugier zu wecken – Hey, ich raste tatsächlich jeden Morgen aus, ist das nicht interessant? Es muß doch etwas geben, was ich dagegen tun kann –, eröffnet sich auf einmal ein ganzes Spektrum von Alternativen.

Werfen Sie einen Blick auf Ihre Liste. Was können Sie tun, um besonders unangenehme Dinge zu umgehen? Und ist das nicht möglich, wie können Sie sich dafür entschädigen? Einmal wurde ich zufällig Zeugin, wie eine Frau zu sich selbst sagte: »Ich erledige diese Aufgabe, so gut ich kann. Wenn ich es besser könnte, würde ich es besser machen.« Was für ein liebevolles Selbstgespräch! Sie gestand sich die Wahrheit ein und gelobte, an sich zu arbeiten. Und das alles ohne Selbstvorwürfe!

Was mich und meine Ungeschicklichkeit angeht, so habe ich gelernt, die betreffenden Dinge ganz dreist meinem Mann zuzuschieben – und zunehmend auch unserer sehr praktisch veranlagten fünfjährigen Tochter. Komme ich trotzdem in die Verlegenheit, etwas selbst machen zu müssen, denke ich daran, daß dies eine schwierige Situation für mich ist, und nehme mir dafür ein bißchen extra Zeit – und Geduld.

Und um Nähmaschinen mache ich seit 35 Jahren einen großen Bogen!

Lernen Sie Warnzeichen zu erkennen

»Probleme sind nichts anderes als Chancen in Arbeitskleidung.«
Henry J. Kaiser

Ich telefoniere mit Cynthia. Sie erzählt mir, daß sie scheinbar ganz prima mit allem zurechtkommt, dann aber urplötzlich wegen irgendeiner Kleinigkeit die Geduld verliert. »Gerade noch fühle ich mich prima, und im nächsten Moment bin ich der reinste Berserker. Ich wünschte, es gäbe ein Alarmsignal, das mich rechtzeitig darauf aufmerksam macht, daß ich dabei bin auszurasten«, klagt sie.

Ungeduld ist oft wie ein plötzliches Sommergewitter, das aus heiterem Himmel aufzieht. Und haben wir erst einmal die Beherrschung verloren, können wir nicht mehr viel tun, außer Schadensbegrenzung zu üben. Und uns natürlich hinterher bei allen Betroffenen (inklusive uns selbst) zu entschuldigen.

Doch es gibt in der Tat Indikatoren, die auf einen bevorstehenden Ausbruch hinweisen. Wir erkennen sie nur zumeist nicht. Der Sportpsychologe Gary Mack nennt sie frühe Warnzeichen, wie die Warnlampen in Ihrem Auto. Wutanfälle geschehen nämlich keineswegs aus heiterem Himmel, auch wenn man das gerne meint. Wir tun etwas, um uns selbst in diese Richtung zu manövrieren.

Bei manchen Menschen sieht das so aus, daß sie sich stumm sagen: »Ich ertrage das nicht mehr« (oder etwas ähnliches). Bei anderen steckt dahinter möglicherweise die Angst, verletzt zu werden. Und bei wieder anderen ist es das Gefühl, Herzrasen oder keine Luft zu bekommen.

Der erste Schritt besteht darin, zu erkennen, wie Ungeduld sich bei Ihnen äußert. Bei mir ist es eindeutig so, daß sich in meinem Kopf der Gedanke breitmacht: Nicht mit mir! Ich lasse mir das nicht länger gefallen! Bei Ihnen könnte es natürlich ganz anders sein. Gehen Sie auf jeden Fall behutsam mit sich um, wenn Sie in diese Richtung forschen – Sie dringen dabei in Sphären vor, die unterhalb der normalen Bewußtseinsebene liegen. Am besten hat sich bewährt, im Anschluß an einen Ungedulds- oder Wutanfall gedanklich zurückzugehen und zu rekonstruieren, was in Ihrem Inneren vorging, unmittelbar bevor Sie explodierten.

Haben Sie Ihr persönliches Frühwarnzeichen entlarvt, folgt Schritt zwei: Ändern Sie Ihr Verhalten. Stehen Sie auf oder fangen Sie an zu trällern. Summen Sie, notfalls stumm, ein lustiges Liedchen. Wenn Sie das übliche Programm unterbrechen, das von Geduld zu Ungeduld führt, stehen die Chancen gut, daß Sie die Ruhe bewahren.

Finden Sie Ihre eigenen Frühwarnzeichen heraus, und versuchen Sie das nächste Mal, wenn Ihre Ampel auf Rot springt, den Kreislauf zu durchbrechen. Das mindeste, was passiert, ist, daß Ihre Wutanfälle Sie nicht mehr unvorbereitet treffen. Und möglicherweise können Sie sie sogar so abfangen, daß sie verebben, ohne größeren Schaden angerichtet zu haben.

Erst mal tief durchatmen

»Nichts ist so wirkungsvoll wie ein langes, tiefes Luftholen und Wiederausatmen, wenn man mit etwas fertig werden muß, das man nicht ändern kann. Danach fällt es viel leichter, sich auf das zu konzentrieren, was unmittelbar ansteht.«
Oprah Winfrey

Gary Mack arbeitet mit Profisportlern und hilft ihnen, ihre Leistung zu optimieren. In seinem Buch *Mind Gym* erwähnt er, genau wie Oprah Winfrey, die beruhigende Kraft, die bewußtes Atmen auf Körper, Geist und Seele ausübt. Dazu müssen die Sportler zuerst einmal seine sogenannte »Atemlosübung« machen.

»Ich sage der Gruppe, das Folgende sei ein Wettkampf. Ich würde jeden einzelnen genau beobachten und seine Reaktion bewerten. Dann fange ich an, Befehle zu brüllen: ›Schaut nach links, schaut nach rechts … nach links … nach rechts … nach rechts … nach rechts …‹ Das bringt sie ins Schwitzen. Sie werden hektisch und nervös. Ihr Atmungsmuster ändert sich. Ohne daß sie es merken, halten viele die Luft an.« Und im Anschluß an diese Übung bringt er ihnen dann bei, wie man unter Streß bewußt atmet.

Natürlich weiß ich nicht, wie das bei Ihnen ist, aber ich habe oft den Eindruck, ein Großteil meines Lebens sei wie Macks Atemlosübung: Schau dahin, nein hierher, nein dort … Unentwegt aufmerksam, immerzu angespannt, ständig bemüht, am Ball zu bleiben, auf dem laufenden zu sein. Wäre es nicht phantastisch, wenn etwas so Simples wie eine einfache Atemübung mir zu mehr Geduld verhelfen könnte? Und damit zu größerem Seelenfrieden? Stellen Sie sich vor, ich habe herausgefunden, daß das tatsächlich möglich ist.

Ein paar Atemzüge, genauer gesagt ein paar bewußte Atemzüge, denn atmen tun wir alle ja schließlich ständig, schenken uns die Zeit, darüber nachzudenken, was zur Beurteilung der Situation wirklich wichtig ist, so daß wir nicht blindlings dem ersten Impuls folgen und gleich in die Luft gehen.

Bewußtes Atmen hilft uns obendrein, uns auf unseren Körper einzustimmen und zu horchen, was sich in unserem Inneren abspielt. Geduld und Ungeduld sind nicht nur Gedanken in unserem Kopf, sondern auch Gefühle unseres Körpers. Jeder hat seine eigenen Worte für diese Empfindungen. Für mich ist Geduld das Gefühl, festen Boden unter den Füßen zu haben, ein Gefühl des Verwurzeltseins und des Wohlbefindens, während ich bei Ungeduld nervös und zappelig werde und das Gefühl habe, ganz durcheinander und aus dem Gleichgewicht geworfen zu sein.

Wenn wir das Ungeduldsgefühl in unserem Körper bewußt wahrnehmen, haben wir die Möglichkeit, mittels Atmung – d. h. bewußter Verlangsamung des Ein- und Ausatmens – wieder in einen Zustand der Geduld zurückzufinden. Langsames Atmen gibt unserem Nervensystem die Anweisung, einen Entspannungsprozeß einzuleiten. Innerhalb nicht einmal einer Minute senken sich Ihre Schultern, der Muskelapparat entspannt, der Blutdruck fällt, das Herz schlägt etwas langsamer. Aus dieser körperlich ruhigeren Position heraus können wir effektiver reagieren, da wir Zugriff auf all unseren geistigen und seelischen Ressourcen haben.

Nun gibt es verschiedene Möglichkeiten, die Atmung zu verlangsamen. In einer Studie der Harvard Medical School zum Thema Streßabbau wird eine Technik beschrieben, die nicht einmal eine Minute in Anspruch nimmt. Sie ist deshalb so wirkungsvoll, weil sie Atmung und Berührung verbindet, was sich als ganz besonders beruhigend herausgestellt hat.

Legen Sie eine Hand auf ihren Bauch, direkt unterhalb des Nabels. Atmen Sie ein und spüren Sie, wie Ihr Bauch sich hebt. Zählen Sie bei angehaltenem Atem bis drei und atmen dann aus, wobei Sie fühlen, wie Ihr Bauch sich senkt. Nun bei angehaltenem Atem bis drei zählen und die Übung erneut beginnen. Wiederholen Sie dies so oft, bis Sie sich ruhiger fühlen.

Ein zusätzlicher Pluspunkt dieser Technik ist, daß Sie sie überall durchführen können – wenn Ihnen kurz vor dem Abgabetermin der Computer abstürzt, wenn die Kinder Ihnen den letzten Nerv rauben, wenn Sie Angst haben, zu einem wichtigen Meeting zu spät zu kommen. Machen Sie auch Freunde und Verwandte auf diese Übung aufmerksam.

Ich kann Ihnen gar nicht genug raten, diese Geduldsübung auszuprobieren. Es ist einfach der beste Weg, sich wieder in den Griff zu bekommen. Oder, wie Thich Nhat Hanh es ausdrückt: »Es braucht nicht mehr als einen Atemzug, um wieder zu sich selbst zu finden und in Verbindung mit Ihrer Umgebung zu treten. Und drei bewußte Atemzüge reichen aus, diesen Zustand beizubehalten.« Egal wie beschäftigt wir sind – dafür sollten wir allemal Zeit haben!

Sich auf die eigene Mitte konzentrieren

»Wenn die überfüllten Flüchtlingsboote in einen Sturm geraten oder auf Piraten stoßen und sämtliche Insassen in Panik verfallen, ist alles verloren. Wenn aber nur einer die Ruhe bewahrt, reicht dies aus. Er zeigt allen, wie man überlebt.«
Thich Nhat Hanh

Der buddhistische Mönch Thich Nhat Hanh stammt aus Vietnam. Als junger Mann hat er buchstäblich alle verloren, die ihm nahestanden: seine Familie, seine Mitbrüder, die Kinder in den von ihm gegründeten Waisenhäusern – sie alle starben im Krieg. Trotzdem ist er einer der friedvollsten und glücklichsten Menschen, die mir je begegnet sind. Das hängt damit zusammen, so sagt er, daß man in jedem Augenblick Frieden finden kann, selbst dann, wenn das Leben sich von seiner schlimmsten Seite zeigt.

Einer der besten Wege, dies zu tun, ist abschalten – heraus aus dem Kopf und hinein in den Körper. Er vergleicht es mit einem Baum in einem heftigen Sturm. Wenn der Wind tost und man in der Krone sitzt, wird man entsetzlich durchgebeutelt. Klettert man aber hinab und lehnt sich unten gegen den starken Stamm, wird man kaum eine Bewegung spüren.

Wie man nach unten kommt? Eine Möglichkeit besteht darin, sich auf die eigene Mitte zu besinnen. Genau wie beim bewußten Atmen geht es hier darum, körperlich ganz »da« zu sein, mit Körper und Geist in Harmonie. Aus dieser tief wurzelnden

Ruhe heraus sind Sie dann viel besser in der Lage, mit Geduld auf all das zu reagieren, was von außen auf Sie einstürmt – und sei es ein Piratenüberfall.

Die innere Mitte finden, eine Grundübung der Kampfsportart Aikido, gehört zu dem Nützlichsten, was ich im Rahmen meiner Geduldsübungen gelernt habe. Hier mein krassestes Beispiel: Von dem Tag an, an dem wir Ana adoptierten, wachte sie jede Nacht auf. Einmal, zweimal, bis zu fünfmal pro Nacht, und das fast vier Jahre lang, schreckte sie auf, hysterisch schreiend und mit den Beinchen kickend, und weinte sich dann langsam wieder in den Schlaf. Jede dieser Episoden dauerte ungefähr eine Viertelstunde. Allerdings war sie nicht wirklich wach; Fachleute nennen dieses Phänomen Pavor nocturnus oder Angsterschrecken.

In Anas Fall hing dies sicherlich damit zusammen, daß sie als Baby vernachlässigt worden war. Wir konnten nichts weiter tun, als sie in den Arm zu nehmen und ihr zuzuflüstern, daß sie in Sicherheit sei, bis sie wieder richtig einschlief. Als sie größer und kräftiger wurde, konnten wir sie manchmal nicht mehr festhalten, so stark schlug sie um sich. Don und mir blieb folglich nichts anderes übrig, als uns neben sie zu setzen und ihr zu sagen, daß sie in Sicherheit sei und wir sie nicht verlassen würden.

Wie jeder mitfühlende Mensch weiß, ist es entsetzlich schwer, zusehen zu müssen, wie sich ein geliebtes Wesen quält, ohne daß man etwas tun kann. Anfangs regte ich mich wahnsinnig auf, weil ich ihr nicht richtig helfen konnte. Bis mir eines Nachts einfiel, ich könnte doch ausprobieren, mich auf meine Mitte zu konzentrieren. Die Wirkung war verblüffend. Ich war in der Lage, so lange wie nötig ruhig neben ihr zu sitzen, ohne die Geduld zu verlieren. Nacht für Nacht, Monat für Monat. Bis sie anfing durchzuschlafen.

Auch bei anderen Gelegenheiten funktionierte es. Es half mir, als sie in die Trotzphase kam und sich in Wutanfällen auf den Boden warf. Dann besann ich mich auf meine Mitte und sagte: »Es tut mir leid, daß du so frustriert bist. Es tut mir leid, daß du so wütend bist«, ohne darüber selbst die Ruhe zu verlieren. Weil ihre Provokationsversuche an mir abprallten, hörten die Wutanfälle übrigens sehr rasch und ganz ohne mein Zutun wieder auf.

Heute benutze ich es jedesmal, wenn mich irgend etwas belastet – Frustration, Ärger, Angst. Ich tue es ganz automatisch. Ich spüre, wie ich mich auf meine Mitte konzentriere, und, von dort ausgehend, kann ich auf eine Art und Weise reagieren, die für mich und mein Gegenüber wesentlich angenehmer ist.

Wie man sich auf die eigene Mitte besinnt? Ich tue es, indem ich mich auf meinen Bauch konzentriere und mir vorstelle, ich sei von einer Energiesphäre umgeben, die meinen Körper in etwa einer Handbreit Abstand umfängt (auch unter den Füßen). Manche Menschen konzentrieren sich dabei auf etwas, was ihnen wichtig ist, andere tun es, indem sie im Geist einen Golfball abschlagen. Frauen denken manchmal an ihre Gebärmutter. Es funktioniert alles, was Ihren Schwerpunkt zur Körpermitte zieht.

Üben Sie eine der oben beschriebenen Techniken. Und wenn Sie glauben, soweit zu sein, bitten Sie jemanden, ihnen einen Schubs gegen die Schulter zu geben. Wenn Sie nicht in Ihrer Mitte sind, bringt Sie schon ein leichter Stoß ins Wanken. Sind Sie jedoch in Ihrer Mitte, vermag Sie buchstäblich nichts zu erschüttern.

Die innere Mitte ist nichts, was man einmal findet und dann für alle Zeiten hat. Sie ist etwas, was man immer wieder verliert, aber auch immer wieder finden kann. Und je öfter wir üben, desto einfacher wird das Finden und desto leichter fällt es uns, auch in Krisenzeiten instinktiv auf diese Methode zurückzugreifen. Üben Sie in Situationen, in denen Sie es nicht müssen, mit einem einfühlsamen Partner. Es geht nicht darum, Sie zu Boden zu werfen, sondern ein Gefühl für die eigene Mitte zu bekommen.

Wenn Sie es ein dutzendmal oder so geschafft haben und es soweit beherrschen (Sie merken, wenn es soweit ist!), probieren Sie es aus, wenn Sie spüren, daß Sie ärgerlich oder wütend werden. Sind Sie geduldiger und effizienter, wenn Sie sich auf Ihre Mitte konzentrieren? Was hilft Ihnen dabei? Wie können Sie sicherstellen, daß Sie daran denken, wenn die Geduld Sie im Stich läßt und Ihnen der Kragen zu platzen droht?

In Ihrer eigenen Mitte, an den starken Stamm Ihres Daseinsbaumes gelehnt, werden Sie viel leichter mit den Stürmen fertig, die das Leben unweigerlich mit sich bringt.

Verkehrsrowdys

»Besser ein Langmütiger als ein Kriegsheld,
besser, wer sich selbst beherrscht, als wer Städte erobert.«
Sprüche Salomos 16,32

Auf ihrer Audiokassette *Road Sage* erzählt Sylvia Boorstein von einem Chauffeur, der sie zu einem Auftritt zu einer Live-Talkshow bringen sollte. Er arbeitete für den Sender und wußte genau, wie wichtig es war, sie pünktlich dort abzuliefern. Trotzdem, und obwohl sie streckenweise kaum im Schneckentempo vorankamen, verlor er keinen Augenblick die Geduld. Und sie kamen rechtzeitig ins Studio. Als sie ihn fragte, wie er es schaffe, unter derart nervenaufreibenden Umständen die Ruhe zu bewahren, erklärte er ihr: »Ließe ich es zu, würde mein Job mir ständig Kopfschmerzen bereiten.«

Dieser Chauffeur war sich einer Tatsache bewußt, die die meisten Menschen vergessen haben: Es liegt ganz allein an uns, wie wir auf eine gegebene Situation reagieren. Sehr viele Menschen verbringen sehr viel Zeit in Verkehrsstaus. Wir haben die Wahl, ob wir – vielleicht aus Angst, einen wichtigen Termin zu versäumen – in Panik geraten und andere Fahrer beschimpfen oder ob wir ruhig bleiben und die Fahrt, so stockend es auch vorangehen mag, genießen.

Zunehmend häufiger entscheiden zumindest wir Amerikaner uns für die erstgenannte Möglichkeit. Die American Automobile Association nennt aggressive Fahrweise als Mitursache bei über 60 Prozent aller Verkehrsunfälle, und die California Highway Patrol berichtet, allein in der San Francisco Bay Area gingen während der Hauptverkehrszeit stündlich (!) vier bis fünf Anzeigen wegen Verkehrsgefährdung und -rowdytum ein.

Nun ist es natürlich nicht so, daß diese Leute nicht provoziert würden. Es besteht ein direkter Zusammenhang zwischen Verkehrsdichte und Aggressivitätsgrad der Autofahrer. Doch es gibt noch einen anderen Grund, warum aggressives Fahrverhalten derart verbreitet ist: Es ist eine wunderbar anonyme Art, den eigenen Frust über andere Dinge abzulassen. Sie kennen bestimmt den herrlichen alten Cartoon, wo der Mann abends kaputt aus der Arbeit heimkommt, seine Frau anschreit, die wiederum auf die Kinder losgeht, die dann ihrerseits den Hund treten. Der psychologische Begriff dafür lautet Ersatzbefriedigung: Anstatt Ihre Gefühle an dem Menschen oder in der Situation auszulassen, die Ursache Ihres Ärgers sind, reagieren Sie sich an einem Schwächeren ab, an jemandem, der sich nicht so gut wehren kann.

Was auch immer der Grund dafür sein mag – gerade weil wir so viel Zeit im Auto verbringen, ist dies eine ideale Gelegenheit, uns in Geduld zu üben. Geduld heißt, daß wir keinen Unfall provozieren, indem wir andere Wagen schneiden, zu dicht auffahren oder ständig auf die Hupe drücken. Und wenn andere Autofahrer sich unflätig benehmen, gibt uns Geduld die Kraft, Konfrontationen zu vermeiden, die schlimm enden könnten.

Wann immer ein aggressiver Fahrer oder auch nur eine Schlange stehender Autos Ihre Geduld herausfordert, können Sie die Situation entschärfen, indem Sie bewußt entspannen. Ihren ganzen Körper, Schultergürtel, Kiefer, vor allem aber Ihre Hände, die jetzt sicher das Lenkrad umklammern. Schauen Sie sich um, vielleicht sehen Sie etwas Schönes oder Interessantes, oder aber Sie suchen Ihren Lieblingssender im Radio oder schieben eine Hörbuch-CD oder -Kassette ein.

Ich muß mich immer wieder ermahnen, daß Verspätung nicht unbedingt ein Beinbruch ist – allein der Gedanke, unpünktlich zu sein, macht mich total nervös. In dieser Hinsicht erteilte mir das Leben einmal eine wunderbare Lektion: Ich kam eine Stunde zu spät zu einem Anwalt, der 350 US-Dollar die Stunde in Rechnung stellt. Die ganze Fahrt über machte ich mich zum einen wegen des Geldes verrückt und zum anderen deswegen, was er wohl von mir denken würde. Als ich ankam, erzählte er mir, die Erstberatung sei kostenlos und mein Zuspätkommen habe ihm die Möglichkeit gegeben, ein paar längst überfällige Telefonate zu erledigen. Wenn ich jetzt irgendwo im Stau stecke und eine Verspätung unvermeidlich scheint, beruhige ich mich, indem ich auf eine ähnlich günstige Fügung hoffe.

Achten Sie einmal auf den Unterschied: Wie fühlen Sie sich – während der Fahrt und nach Ihrer Ankunft –, wenn Sie sich bewußt entschieden haben, einen kühlen Kopf zu behalten?

Sturmwarnung geben

Ich: »Ana, ich verliere allmählich die Geduld.«
Ana (dreijährig): »Kein Grund zur Sorge, Mama. Ich habe noch welche übrig.«

Ich weiß nicht, wie das bei Ihnen ist, aber mit das schlimmste war für mich als Kind, wenn ein Erwachsener aus (nach meinem Dafürhalten) völlig heiterem Himmel auf mich wütend wurde, mich anschrie, vielleicht sogar versohlte oder in mein Zimmer schickte – ohne jegliche Vorwarnung, daß ich seine Geduldsgrenze überschritten hatte. Während ich meine Strafe abbüßte, schwor ich mir, wenn ich groß wäre, niemals ein Kind auf diese Art und Weise zu behandeln. Und diesen Schwur habe ich gehalten.

Die ganzen Jahre über, die ich meine beiden (heute erwachsenen) Stiefkinder mit aufgezogen habe, und jetzt mit Ana habe ich immer eine Warnung ausgesprochen, wenn etwas meine Geduld auf die Probe stellte. So wissen alle Beteiligten, was im Busch ist, und sie können es sich aussuchen: Entweder sie ändern ihr Verhalten, oder sie erleben, wie ich ungeduldig werde. Aber die Entscheidung liegt bei ihnen. Nie hat jemand meine Wut oder Ungeduld ohne Vorwarnung zu spüren bekommen.

Dieses Frühwarnsystem hat sich in 25 Jahren bestens bewährt. Die Kinder haben sich die Warnung eigentlich jedesmal zu Herzen genommen und ihr Benehmen geändert, so daß ich nicht gezwungen war, böse zu werden (und mich deshalb hinterher elend zu fühlen).

Eine Sturmwarnung ist ein wunderbarer Schutz für die Kleinen, die Ihrer Obhut anvertraut sind. Aber sie ist auch nützlich für Eltern. Manchmal reicht es nämlich völlig aus, uns selbst laut aussprechen zu hören, daß wir mit unserer Geduld am Ende sind, um uns die Kraft zum Weitermachen zu geben. Und ist es einmal nicht so, steigert es wenigstens unsere Selbstachtung: wir haben es geschafft, eine Warnung auszustoßen, bevor wir an die Decke gingen. Indem wir rechtzeitig mahnen, erweisen wir uns als emotional vertrauenswürdig. Wir sind der Liebe würdig, die unsere Kinder uns entgegenbringen, aber auch der eigenen Hochachtung.

Versuchen Sie, beim nächstenmal, wenn Ihnen der Geduldsfaden zu reißen droht, Sturmwarnung zu geben, und beobachten Sie, was dies für Sie und Ihre Lieben ändert. Haben Sie Probleme zu erkennen, wann Sie in Wut geraten, probieren Sie zuerst die Übung, die ich »Lernen Sie Warnzeichen zu erkennen« genannt habe. Und gehen Sie nicht zu streng mit sich ins Gericht, wenn es nicht gleich auf Anhieb klappt.

Hören Sie auf Ihre innere Stimme

»Sie müssen der Stadt der eigenen Bequemlichkeit den Rücken kehren und sich in die Wildnis Ihrer Intuition vorwagen. Was Sie dort finden werden, ist wundervoll. Was Sie dort finden werden? Sich selbst.«
Alan Alda

Als ihre Kinder zu studieren anfingen, faßten Mark und Betty den Entschluß, sich von ihrem großen Haus in einem Vorort zu trennen und in etwas Kleineres in der Innenstadt zu ziehen. Sie hatten schon einige Monate lang gesucht, da entdeckte Betty ihre Traumwohnung. In diesem Viertel hatte sie schon immer wohnen wollen. Sie gaben ein Angebot ab und übertrugen einem Makler den Verkauf ihres Hauses. Doch es fand sich kein ernsthafter Interessent, und sie mußten von dem Kaufvertrag für die Wohnung zurücktreten.

»Zuerst war ich todunglücklich und dachte, wir müßten uns jetzt nach etwas anderem umschauen. Aber dann geschah etwas Merkwürdiges. Irgendwo in meinem Inneren sagte eine Stimme: Gib nicht auf. Das ist genau das, wo du wohnen sollst. Das war befremdlich, denn die Wohnung war mittlerweile anderweitig vergeben. Aber irgend etwas in meinem Inneren befahl mir dranzubleiben. Ein Jahr lang fuhr ich täglich auf meinem Weg zur Arbeit an dem Haus vorbei, und jedesmal war da dieser Gedanke: Bleib dran. Dann, eines schönen Tages, wurde genau dieselbe Wohnung wieder frei. Dieses Mal konnten wir unser Haus günstig verkaufen. Und jetzt wohnen wir hier!«

Was Betty hörte, war, so denke ich, die Stimme ihrer Intuition. Jeder Mensch verfügt über dieses tiefe innere Wissen, das uns in Zweifelsfällen weiterzuhelfen vermag. Ist dies eine Situation, in der ich am Ball bleiben muß, oder soll ich besser erst einmal abwarten und Tee trinken? Sollen wir nichts tun oder umgehend handeln? Hier kann uns unsere innere Stimme den richtigen Weg weisen.

Es ist wunderbar, wenn man die Stimme der Intuition so laut hört wie Betty. Leider geschieht das nur selten. Meist müssen wir unseren inneren Ratgeber auf eine andere Weise animieren. In ihrem Buch *Stirring the Waters* schlägt Janell Moon dazu eine Technik vor, die sie Dialogisieren nennt.

Sie spricht dabei immer wieder von Tagebuchführen, was aber nicht heißt, daß Sie schwarz auf weiß feinsäuberliche Zeilen in ein leeres Buch schreiben müssen. Es heißt nicht einmal, daß Sie überhaupt etwas aufschreiben müssen. Sie können eine Reihe von Einfällen in Kästen ohne bestimmte Ordnung und Reihenfolge auf ein großes Blatt malen, Sie können aber auch die folgende Beschreibung lesen und sich die Fragen während eines Spaziergangs durch den Kopf gehen lassen und danach notieren, was Ihnen wichtig erscheint. Sie selbst wissen bestimmt am besten, welche Methode für Sie am geeignetsten ist. Tun Sie einfach, was Sie als richtig empfinden, nicht das, was man Ihnen als korrektes Tagebuchführen beigebracht hat.

Notieren Sie (mental oder auf Papier) die zehn weisesten Menschen, die Sie kennen. Als nächstes denken Sie an »ein persönliches Problem, das mit Geduld zu tun hat«, schreibt Moon. »Vielleicht sind Sie unsicher, ob Sie mit Ihrem derzeitigen Partner zusammenbleiben wollen … Oder Sie haben sich mit einem befreundeten Menschen gestritten und überlegen, wie Sie am klügsten wieder auf ihn zugehen können. Es sollte nur etwas sein, was zumindest entfernt mit Geduld zu tun hat.«

Nun betrachten Sie Ihre Liste der zehn weisesten Menschen und überlegen, wer davon Ihnen bei diesem speziellen Problem am besten raten könnte. Führen Sie ein imaginäres Gespräch mit diesem Lehrer. Der Dialog könnte etwa folgendermaßen ablaufen:

Ich: »Warum bin ich so ungeduldig?«

Weiser Mensch: »Hast du möglicherweise Angst?«

Ich: »Angst wovor?«

Weiser Mensch: »Vielleicht, daß du ins Hintertreffen gerätst?«

Ich: »Ich bin nicht besonders ehrgeizig. Meinst du, das ist der Grund?«

Weiser Mensch: »Vielleicht ist es eher die Angst, ständig auf Trab sein zu müssen?«

Und so weiter und so fort, bis Sie einen Rat bekommen, der Ihnen weiterhilft.

Was mir an dieser Technik so gut gefällt, ist, daß sie es einem ermöglicht, das Problem auf ganz individuelle Art anzupacken. Wenn wir uns in irgendwas verrannt haben, sind wir von unseren eigenen Problemlösungshilfen abgeschnitten. Ratschläge von Freunden oder aus Büchern wie diesem und anderen sind schön und gut. Aber Sie selbst kennen sich besser als irgendwer sonst, und oft erteilen wohlmeinende Menschen einen Rat, der bei ihnen selbst funktionieren würde, aber nicht notwendigerweise auch bei Ihnen. Diese Methode, die Sie überlegen läßt, was ein Mensch dazu sagen würde, dessen Rat Sie schätzen und den Sie respektieren, hilft Ihnen nicht nur aus der Sackgasse heraus, sondern weist Ihnen auch den Weg zu der Antwort, die für Sie die richtige ist.

Den Blutzuckerspiegel im Auge behalten

»Unser Nervensystem ist nicht nur Fiktion,
es ist Teil unseres Körpers,
und unsere Seele lebt im Raum
und ist in uns wie die Zähne in unserem Mund.«
Boris Pasternak

Ich fuhr mit meinem damaligen Lebensgefährten auf einer Schnellstraße durch eine Gegend in Südkalifornien, in der wir uns beide nicht auskannten. »Ich habe Hunger«, sagte ich. »Ich brauche was zu essen.« Er nahm die nächste Autobahnausfahrt, um etwas zu suchen. Dummerweise schienen wir in einem reinen Wohngebiet gelandet zu sein. Kein Restaurant, kein Lebensmittelgeschäft weit und breit. Die Zeit verging. Ich bekam richtigen Heißhunger. Immer noch nichts. Ich fing an zu lamentieren. Endlich erspähte er einen Safeway-Supermarkt. »Schauen wir, ob die was haben«, meinte er ruhig. Ich stürmte an langen Regalreihen entlang. »Die haben nichts Eßbares«, schrie ich und raste wieder hinaus.

Die ganze Zeit über, die ich mich wie eine Verrückte verhielt, gab es einen Teil in mir – mein vernünftiges Ich –, das dieses befremdliche Verhalten beobachtete und dachte: Was ist bloß los mit mir? Es war, als wäre ich von Außerirdischen entführt worden.

Ein paar Monate später wurde bei einem Routinecheck festgestellt, daß mein Blutzuckerspiegel zu niedrig war – und das erklärte u. a. auch den Vorfall im Supermarkt. Wenn der Blutzuckerspiegel absackt, ist man leicht reizbar, kann nicht mehr richtig logisch denken – und verliert die Geduld. Heute erkenne ich die Symptome auch bei anderen. Es ist ganz offensichtlich: Normalerweise vernünftige Leute werden urplötzlich ohne ersichtlichen Grund unwirsch und handeln völlig irrational.

Eltern von Kleinkindern erkennen diesen Zustand instinktiv – Knirpse werden unleidig und quengelig, wenn sie Hunger haben. Deshalb ist die Zeit kurz vor dem Abendessen oft so besonders nervenaufreibend und stellt die Geduld der Mütter und Väter auf eine harte Probe.

Ich sage das, um Sie daran zu erinnern, daß zwar die meisten Geduldsübungen emotionaler oder geistiger Natur sind – Ihre Ungeduld möglicherweise aber auch biochemische Gründe haben könnte. Vielleicht braucht Ihr Körper einfach nur etwas zu essen.

Am einfachsten stellen Sie das fest, indem Sie darauf achten, wann Sie bevorzugt ungeduldig werden. Ist es kurz vor den Mahlzeiten? Gewinnen Sie Ihr seelisches Gleichgewicht zurück, wenn Sie gut gegessen haben? Man muß nicht unbedingt ein Hungergefühl haben, wenn der Blutzuckerspiegel zu niedrig ist. Ein besserer Indikator ist die Wirkung: *Wenn ich etwas gegessen habe, bin ich ruhiger und geduldiger.* Achten Sie eine Woche lang darauf, und schauen Sie, ob Sie ein Muster entdecken können. Lautet die Antwort ja – sei es bei Ihnen selbst oder bei jemandem, der Ihnen nahesteht –, halten Sie proteinreiche Snacks bereit. Käsestangen, Nüsse, hartgekochte Eier oder ein einfacher Magermilchjoghurt eignen sich gleichermaßen.

Indem Sie Ihren Blutzuckerspiegel auf dem richtigen Niveau halten, geben Sie Ihrem seelischen Gleichgewicht körperliche Unterstützung. Es ist ganz simpel. Oft kommt man nur einfach nicht auf das Naheliegendste.

Die Kunst des Umdeutens

»Es wird Sie freuen zu hören, daß die Hitze in Lucknow wirklich enorm ist! Es tut gut, in der äußerlichen Hitze Gottes zu schmoren, da unsere Herzen nicht mit der innerlichen Hitze Gottes brennen.«
Mutter Teresa, in einem Brief aus Lucknow

Eine Schuhfabrik schickt zwei Marktforscher in einen Teil Afrikas, um herauszufinden, wie dort die Absatzchancen stehen. Einer telegraphiert zurück: LAGE HOFFNUNGSLOS – STOP – KEIN MENSCH TRÄGT SCHUHE. Der andere schreibt triumphierend: PHANTASTISCHER MARKT – STOP – ES GIBT KEINE SCHUHE.

Diese Anekdote steht in *The Art of Possibility* von Rosamund Stone Zander und Benjamin Zander. Die beiden Autoren wollen damit verdeutlichen, daß jeder Mensch zu jeder Zeit die Realität nach eigenem Gusto interpretiert. Das heißt, es liegt an uns, welche Sichtweise wir wählen. Wir können die Dinge negativ sehen, uns genausogut aber auch positiv orientieren.

Erst vor kurzem hat meine Tochter mir wieder einmal gezeigt, wie nützlich diese Einstellung ist. Ich bereitete das Abendessen zu. Ana saß, wie üblich, am Küchentisch und bastelte irgend etwas aus Papier und Klebefilm. Sie verbrachte mindestens 20 Minuten mit ihrer Konstruktion. Dann, als sie es aufstellen wollte, sackte das ganze Meisterwerk in sich zusammen. Aber brach diese Fünfjährige in Geschrei aus, heulte oder jammerte sie? Nein. Sie schaute das traurige Ergebnis nur einfach an und sagte ruhig: »Das war kein Erfolg.«

Ana wählte intuitiv einen Weg, der es ihr möglich machte, Geduld zu praktizieren und einen neuen Versuch zu starten. Sie hätte auch sagen können: Dieses blöde Papier taugt nichts, oder: Ich bin so ungeschickt, es kann ja nichts werden, oder: Ich sollte so was gar nicht erst probieren. Solche oder ähnliche Gedanken hätten zu Frustration geführt, zu Ärger – und dazu, daß sie aufgibt.

Mit der wertfreien Feststellung, es sei »kein Erfolg« gewesen, hielt sie sich die Möglichkeit offen, es erneut zu versuchen, diesmal vielleicht mit Erfolg, und ihre Kreativität und Motivation für eine bessere Lösung einzusetzen. Genau das tat sie dann übrigens auch – sie lief zu meinem Schreibtisch und holte sich festeres Papier, das die Konstruktion stabiler machen würde, und fing noch einmal von vorne an.

Ana handelte ganz unbewußt, aber wir Erwachsenen können es absichtlich tun, um unsere Geduld zu schulen. Psychologen nennen das Refraiming – umdeuten –, und es zählt zu den wirkungsvollsten Mitteln, die uns zur Verfügung stehen, um Verzweiflung, Unzulänglichkeitsgefühle oder Ärger zu überwinden und statt dessen unsere Ausdauer und Kreativität einzusetzen. Sie müssen sich dazu nur eine einzige einfache Frage stellen: Wie könnte ich diese (auf den ersten Blick vertrackte) Situation noch betrachten, um die Chance auf einen guten Ausgang zu erhöhen oder zumindest größeren Seelenfrieden zu finden?

Als ich meinen Mann kennenlernte, war er siebenunddreißig und hatte nie eine Beziehung gehabt, die länger als neun Monate hielt. Er lebte viele Jahre lang allein, aber er hörte niemals auf, geduldig auf die Liebe zu warten. Ich habe ihn einmal gefragt, wie er das fertigbrachte, und seine Antwort war: »Jedesmal, wenn eine Beziehung in die Brüche ging, sagte ich mir: Nun, ich nehme an, ich muß noch einiges lernen, bevor ich für eine langfristige Bindung reif bin.« Das ist Refraiming – anstatt sich selbst, der Partnerin oder dem Schicksal die Schuld zu geben, nahm er das Ganze als Lernprozeß und konnte insofern geduldig auf die wahre Liebe warten.

Wie können Sie Ereignisse in Ihrem Leben umdeuten? Wenn Ihnen das nächste Mal der Kragen zu platzen droht, fragen Sie sich, ob sich die Situation nicht aus einer anderen Warte betrachten läßt. Ein Freund von uns sagt beispielsweise, er hätte nichts dagegen, in einem Verkehrsstau zu stecken, weil er dort gänzlich ungestört über Dinge nachdenken kann, zu denen er sonst nie die Zeit findet. Sie sehen, es kommt nur darauf an, eine Interpretation zu finden, die Optionen bietet: Potentiale statt Panik, Hoffnung statt Hysterie. Als Lohn winkt die Fähigkeit, dem Leben etwas Positives abzugewinnen, auch wenn es manchmal ganz und gar nicht so läuft, wie Sie es sich vorgestellt haben.

Ablenkung

»Das beste Hilfsmittel gegen Ärger, ungute Gedanken, Ungeduld und Zankereien jeder Art ist es, ein interessantes Projekt im Kopf zu haben, das Ihre ganze Aufmerksamkeit in Anspruch nimmt und Sie davon abhält, über etwas Unerfreulichem zu brüten.«
Joseph Rickaby

Ana will, daß ich ihr bei irgend etwas helfe. Ich bin gerade beim Kochen. »Gleich«, sage ich. »In einer Minute.«

»Eine Minute«, stöhnt sie. »Das ist ja *ewig*.«

»Nun«, sage ich und klinge schon fast wie meine eigene Mutter, »denk an was anderes, dann ist die Zeit im Nu um.«

Wer weiß nicht aus eigener Erfahrung, daß die Milch immer erst zu kochen anfängt (dann aber garantiert überkocht), wenn man aufhört, auf den Topf zu stieren, und die Küche verläßt?

Es ist ja so wahr – ob für eine Fünfjährige, die eine volle Minute warten soll, oder für eine Vierzigjährige, der man keine feste Wartezeit nennt: Je mehr wir uns auf die Tatsache konzentrieren, daß wir warten, desto langsamer verstreicht die Zeit. Deshalb besteht eine der besten Geduldsübungen darin, sich mit etwas anderem zu beschäftigen. Am besten, wie Joseph Rickaby so treffend festgestellt hat, mit etwas, das uns interessiert.

Etwas anderes tun ist mehr als bloße Ablenkung, obwohl es natürlich genauso funktioniert. Wenn wir in einer Situation stecken, die Geduld verlangt – und insofern nicht unserer Kontrolle unterliegt –, und wir unsere Aufmerksamkeit auf etwas anderes richten, erinnert uns das auch daran, daß nicht unser ganzes Leben außer Kontrolle geraten ist. Es gibt Situationen und Dinge, die wir im Griff haben – wir sind nicht auf Gedeih und Verderb anderen Personen oder dem Schicksal ausgeliefert.

Als ich damals auf einen Käufer für mein Unternehmen wartete, war mir die Arbeit mit Klienten eine unglaublich große Hilfe. Je mehr Erfolg ich in diesem Bereich hatte, desto mehr erfüllte mich der tröstliche Gedanke, mich und meine Familie schon irgendwie durchbringen zu können, auch wenn die Verkaufsverhandlungen scheitern sollten. Als Ana sich ablenkte, während sie darauf wartete, daß ich ihr half, und ein paar Buntstifte und Papier herauskramte, bewies sie damit sich selbst, daß sie, was ihr Glück anging, nicht vollkommen von mir abhängig war. Sie konnte sich auch alleine recht gut unterhalten.

Stellen Sie sich einmal eine Situation vor, die Ihnen viel Geduld abverlangt. Was könnten Sie unternehmen, um auf einem vielleicht ganz anderen Gebiet ein gewisses Maß an Kontrolle oder Vergnügen zu finden? Sie warten ängstlich auf einen ärztlichen Befund? Oder daß Ihr neuester Schwarm anruft? Anstatt dazusitzen und sich verrückt zu machen, sollten Sie in der Zwischenzeit etwas Interessantes oder Vergnügliches tun. Warum nicht ein spannendes Taschenbuch oder eine Zeitschrift mitnehmen, wenn Sie schon ahnen, daß irgendwo langes Schlangestehen droht? Und warum nicht Pläne fürs Wochenende oder den nächsten Urlaub schmieden, wenn Sie im Stau stecken?

Geduld üben heißt nicht, sich trübsinnig in das Gegebene zu fügen und still vor sich hin zu leiden. Es ist absolut okay, sich abzulenken. Ein anonymer Experte hat es auf den Punkt gebracht: Geduld ist nichts anderes als die Kunst, sich anderweitig zu beschäftigen.

Vom Umgang mit alten Menschen

»Geziemend alt zu werden ist ein Meisterwerk an Weisheit und eines der schwierigsten Kapitel in der großen Kunst des Lebens.«
Henri Frederic Amiel

Meine Freundin Michelle wird dieses Jahr sechzig. Ihre Mutter, die zunehmend pflegebedürftiger wird, ist siebenundneunzig. Seit 25 Jahren kümmert sich Michelle um ihre Mutter – besucht sie manchmal mehrere Wochen am Stück, richtet ihr eigenes Leben nach dem Gesundheitszustand ihrer Mutter aus, verzichtet auf Reisen, verschiebt Termine, ja, sie verlegte sogar ihren Wohnsitz, um in der Nähe der alten Dame zu sein. In all diesen Jahren hat Michelles Mutter ihr nicht einmal für diese Opfer gedankt. Aber Michelle sieht es als selbstverständlich an, dafür zu sorgen, daß ihre Mutter einen würdigen Lebensabend hat.

Michelle ist keine Heilige. Sie verliert häufig die Geduld, insbesondere dann, wenn ihre Mutter einfach nicht begreifen will, daß sie alt ist und zum Beispiel nicht mehr in der Lage, die Matratze alleine umzudrehen (was schon mal zu mehrmonatiger Bettlägerigkeit wegen einer Muskelzerrung führte). Michelle ärgert sich, wird sogar wütend. Aber dann vergibt sie ihrer Mutter und sich selbst und macht weiter.

In vielerlei Hinsicht verlangt der Umgang mit alten Eltern dieselbe Geduld, die man mit Kindern braucht – man muß sich um ihre Grundbedürfnisse kümmern, weil sie dazu nicht mehr selbst in der Lage sind. Man muß ständig ein Auge auf sie haben, damit sie sich nicht selbst verletzen, ständig auf Abruf verfügbar sein und alles x-mal erzählen, weil sie sich nichts merken können.

Der wesentliche Unterschied zwischen sehr jungen und alten Menschen besteht für den Betreuer darin, daß man bei Kindern einen Fortschritt sieht. Man steckt all diese Mühe hinein, damit der Zwerg eines Tages selbständig und flügge wird. Bei der Betreuung von Senioren müssen wir andere Motivationen suchen: vielleicht weil sie sich um uns gekümmert haben oder weil wir ihnen den Lebensabend so schön machen wollen wie möglich. Jeder muß seine eigenen Gründe finden.

In ihrem Tagebuch *An Interrupted Life* erzählt Etty Hillesum von der frustrierenden Pflege ihrer Eltern und was alles nötig ist, um diese schwere Aufgabe zu meistern. »Hier geht es nicht um einen kleinen Liebesdienst, sondern um etwas sehr viel Elementareres, Wichtigeres und Schwierigeres. Es geht darum, die Eltern aus vollem Herzen zu lieben. Ihnen all die Mühen zu vergeben, die sie einem allein dadurch machen, daß sie da sind.«

In dem Moment, in dem Ihre Geduld wieder einmal auf eine harte Probe gestellt wird, dürften Ihnen solche hohen Ideale nicht viel weiterhelfen. Wesentlich hilfreicher ist es in solchen Fällen, sich ins Bewußtsein zu rufen, *warum* wir so wenig Geduld aufbringen.

Etty erklärt es sich folgendermaßen: »Es hat absolut nichts mit meinem Vater zu tun. Das heißt, nicht mit ihm als Person, denn er ist der liebenswerteste, mitleiderregendste Mensch, den man sich vorstellen kann. Es ist vielmehr etwas in meinem Inneren.«

Und als Michelle es aus dieser Warte betrachtete, kam sie zu dem Schluß: »Wenn ich mit meiner Mutter zusammen bin, sehe ich, daß Alter Verletzlichkeit mit sich bringt und daß auch ich eines Tages so sein werde. Was, wenn ich dann die Art von Hilfe brauche wie sie jetzt? Was, wenn ich so leide, daß ich nur noch unausstehlich bin? Ich verliere die Geduld mit ihr, weil ich mir wünsche, daß sie wieder die starke Mutter ist, die sie in meiner

Kindheit war, damit ich selbst keine Angst vor dem Altwerden haben muß.

Diese Erkenntnis hat mir sehr viel Kraft gegeben. Jedesmal, wenn ich bei ihr bin, sage ich mir, ja, du hast Angst, ja, du bist verletzlich. Und je öfter ich mir das sage, desto mehr Geduld bringe ich für sie auf.«

Auch Sie können das tun. Wenn Sie das nächste Mal, wenn Sie mit einem alten Menschen zusammen sind, die Geduld verlieren, fragen Sie sich selbst: Wovor habe ich Angst? Je mehr Sie sich Ihren eigenen Ängsten stellen, desto mehr Geduld steht Ihnen zur Verfügung, wenn Sie sie brauchen.

Lassen Sie Ihr Herz sprechen

»Wie weit Sie im Leben kommen, hängt davon ab, wie zärtlich
Sie mit den Jungen umgehen, wie geduldig mit den Alten,
wie verständnisvoll mit den Ehrgeizigen,
wie mitfühlend mit den Schwachen und den Starken –
denn eines Tages werden Sie all das gewesen sein.«
George Washington Carver

In ihrem Buch *One Day My Soul Just Opened Up* (dt.: *Und meine Seele öffnet sich*) berichtet die Empowerment-Spezialistin Iyanla Vanzant über eine sehr eindrückliche Erfahrung in Sachen Geduld.

»Ich raste kreuz und quer durch das Haus, weil ich entsetzlich spät dran war, suchte eine Strumpfhose, während ich gleichzeitig Eyeliner auftrug, bügelte meine Bluse, während ich mir gleichzeitig die Zähne putzte. Es ist erstaunlich, wie viele Dinge man gleichzeitig machen kann, wenn es pressiert.«

Da klingelte das Telefon. Es war ihr Sohn, der aus dem Gefängnis anrief. Er hatte beim Kampf um ein Comic-Heftchen einen anderen Häftling gebissen und brauchte jetzt ihre Hilfe. Ihr erster Impuls war: »Dieser Anruf bringt meine ganzen Pläne durcheinander!« Ihr Sohn schwafelte frustriert weiter. Sie konnte an nichts anderes denken, als daß sie ohnehin zu spät für ihren Termin dran war. Schließlich sagte er traurig: »Ich bin noch lange nicht soweit, daß ich wieder heimkann, nicht wahr?«

Da wurde ihr plötzlich klar: *Das ist mein Sohn. Er ruft vom*

Gefängnis aus an, weil er meine Hilfe braucht. Und ich mache mir Gedanken um ein lächerliches Geschäftsessen?

»Mit aller Liebe und Geduld, die ich in dem Moment aufbringen konnte, antwortete ich: ›Lieber Sohn, du brauchst in der Schule des Lebens keine Einser zu schreiben, du mußt bloß durchkommen. Du hast dir die Zeit genommen, mich anzurufen, anstatt dich weiter mit jemandem zu prügeln. Wenn du mich fragst, machst du das doch schon ganz prima.‹«

Wenn es darum geht, mit anderen Geduld zu haben, können wir nichts Besseres tun, als unser Mitgefühl sprechen zu lassen. Die meisten Menschen geben ihr Bestes, und wenn wir das immer im Kopf behalten, geht uns das Herz auf, und die Geduld kann sich Bahn brechen. Rein verstandesmäßige Reaktionen sind oft von Vorurteilen geprägt: Sie sollte so und so sein, er sollte das und das tun. Lassen wir hingegen unser Herz sprechen, wird uns bewußt, daß kein Mensch vollkommen ist.

Das war schon im 15. Jahrhundert bekannt, als der geistliche Schriftsteller Thomas von Kempen in seiner berühmten mystischen Schrift *De Imitatione Christi (Über die Nachfolge Christi)* notierte: »Strebet danach, die Schwächen anderer geduldig zu ertragen. Auch Ihr habt derselben viele, und die anderen müssen sich hineinfügen. So du nicht selbst bist, wie du sein möchtest, wie kannst du da erwarten, daß ein anderer nach deinem Willen geraten ist?«

Nun ist Mitgefühl etwas, das einem leicht über die Lippen geht. Es tatsächlich zu praktizieren, wenn Ihnen jemand übel mitspielt, ist eine andere Sache. Ein Schlüssel zum Erfolg liegt darin, die Situation aus einer gewissen Distanz zu betrachten und sich drei Fragen zu stellen, die meine Kollegin Dawna Markova ausgearbeitet hat:

1. Wenn ich das Ganze aus der Perspektive des anderen betrachte, was empfinde ich dann?

2. Wie würde ein Mensch, den ich respektiere, diese Fakten noch deuten können?

3. Wenn jemand, den ich achte, tun würde, was dieser Mensch getan hat, würde ich dann anders empfinden? Falls ja, wie?

Diese Fragen öffnen uns das Herz und lassen uns über den Tellerrand unseres eigenen egoistischen Denkens hinausblicken. Das hat Iyanla bei dem Telefonat mit ihrem Sohn praktiziert: Sie stellte sich vor, was er fühlte, und auf der Stelle setzte ihr Mitgefühl ein.

Geduld und Mitgefühl wirken zusammen und bauen aufeinander auf. Je geduldiger wir sind, desto sensibler können wir auf die Gefühle anderer reagieren. Und je mehr wir unser Herz sprechen lassen anstelle unseres Kopfes, desto mehr vermögen wir aus dem großen Geduldstopf zu schöpfen, der uns allen zur Verfügung steht.

Sie haben alle Zeit, die Sie brauchen

»Das Leben ist so kurz. Wir sollten allesamt langsamer machen.«
Thich Nhat Hanh

Die folgende Idee kam mir vor ein paar Jahren ganz zufällig. Ich stand wieder einmal entsetzlich unter Druck, um einen Termin einzuhalten, da hängte sich mein Computer hoffnungslos auf und ließ sich nicht wieder starten. Kurz bevor mich die Wut übermannte, hörte ich mich innerlich sagen: *Dafür habe ich nun weiß Gott keine Zeit!* Kaum hatte ich diese Worte gedacht, wuchs meine körperliche Erregung – mein Herz schlug heftiger, ich atmete hektischer und verkrampfte mich. Aber da war ein winziger Teil meines Gehirns, mein innerer Zeuge, der diese Vorgänge aufmerksam registrierte. Nachdem seine Neugierde einmal geweckt war, fiel diesem stummen Beobachter mit der Zeit auf, daß ich jedesmal, wenn ich ungeduldig wurde, kurz vorher zu mir selbst sagte: *Dafür habe ich nun weiß Gott keine Zeit!* Und jedesmal löste dieser Gedanke dieselben Reaktionen aus: Nervosität und Angst und Verkrampftheit.

Ich hasse derartige Panikgefühle. Deshalb entschloß ich mich eines schönen Tages – aus Jux und Dollerei und weil ich schließlich nichts zu verlieren hatte –, so zu tun, als ob ich alle Zeit der Welt hätte. Ich hatte alle Zeit, die ich brauchte, um ein Projekt durchzuführen, egal wie oft ich unterbrochen wurde oder der Computer abstürzte. Ich hatte alle Zeit, die ich brauchte, um irgendwohin zu kommen, auch wenn ich im Stau steckte. Ich hatte alle Zeit, die ich brauchte, um das Abendessen zu richten, auch wenn wir um 19 Uhr wieder aus dem Haus mußten.

Und siehe da – es funktionierte. Fast immer wurde mir klar, daß ich tatsächlich die Zeit hatte, die ich brauchte. Es klappte derart gut, es war direkt unheimlich. So, als würde sich die Zeit dehnen oder verkürzen, je nachdem, welche Einstellung ich ihr gegenüber einnahm. Bei einigen Gelegenheiten wurde die Zeit tatsächlich knapp, und ich schaffte es nicht ganz, mein Ziel zu erreichen. Aber ich kam deutlich weiter, als wenn ich in panischer Hast gehandelt hätte.

Mir fiel also auf, daß allein die Angst, nicht genügend Zeit zu haben, die eigene Effizienz und Leistungsfähigkeit drastisch reduziert. Je länger wir – auch unter Druck und in argen Streßsituationen! – ruhig bleiben, desto mehr schaffen wir, weil uns der Neokortex, der Teil unseres Gehirns, in dem die rationale Vernunft sitzt, dabei unterstützt. Mit Hilfe von Vernunft vermögen wir Dinge auf die Reihe zu bekommen, die wir im Zustand der Panik nicht zustande brächten – den Computer wieder zum Laufen zu bringen, kurzfristig einen anderen Babysitter zu finden, rechtzeitig zum Meeting zu erscheinen. Das Geheimnis liegt daran, Ruhe zu bewahren, anstatt auszuflippen.

Dank dieser Taktik bekam ich so viel erledigt und blieb selbst bei extremem Termindruck so nett und geduldig, daß mich immer mehr Leute fragten, was denn mein Geheimnis sei. Ich verriet es ihnen, und sie probierten es aus. Und siehe da, es funktionierte bei ihnen ganz genauso.

Der Trick, so fanden wir heraus, besteht allein darin, sich im konkreten Fall daran zu erinnern. Manche Leute schreiben sich den Satz auf einen gelben Klebezettel und heften ihn an ihren Computer. Bei mir hat sich am besten bewährt innezuhalten, wenn ich mich selbst sagen höre *Dafür habe ich nun weiß Gott keine Zeit* und dies durch *Ich habe alle Zeit, die ich brauche* zu ersetzen.

Probieren Sie es selbst aus. Beobachten Sie eine Woche lang, was geschieht, wenn Sie sich sagen, Sie hätten alle Zeit der Welt.

Sind Sie weniger hektisch? Ruhiger? Zufriedener? Produktiver? Wenn es auch bei Ihnen funktioniert, wunderbar! Dann haben Sie soeben einen Weg entdeckt, mehr zu erledigen und sich dabei weniger gestreßt zu fühlen.

Risikoanalyse

»Wenn Sie ein Unheil auf sich zukommen sehen, nehmen Sie sich Zeit und überlegen Sie in aller Ruhe, was schlimmstenfalls passieren könnte. Nachdem Sie diesem Worst-Case-Szenario ins Auge geschaut haben, suchen Sie vernünftige Argumente, warum es so entsetzlich schlimm gar nicht kommen kann.«
Bertrand Russell

Meine Freundin Annette ist einer der ausgeglichensten Menschen, die ich kenne. Ich habe sie in vielen verschiedenen Umfeldern erlebt, sowohl privat als auch beruflich, und ihre Gelassenheit und Geduld sind schier grenzenlos. Das ist um so bemerkenswerter, als sie eine schwere Nierenerkrankung hat, die tägliche Dialysesitzungen erfordert. Irgendwie schafft sie es, diese mit ihrem restlichen Tagesablauf in Einklang zu bringen. Was ist das Geheimnis ihres Erfolgs? Ich habe sie einmal danach gefragt.

»Nun«, erklärte sie, »wenn ich merke, daß ich die Geduld verliere und der Streß wächst, frage ich mich, was schlimmstenfalls passieren könnte, wenn ich mir sehr viel Zeit lasse. Falls es etwas ist, worauf ich keinen Einfluß habe, ein Verkehrsstau etwa, dann frage ich mich, was schlimmstenfalls passieren könnte, wenn ich zu spät komme. Oder wenn der Installateur sich nicht an sein Versprechen hält, heute vorbeizukommen und die Toilettenspülung zu richten. Die Antwort ist fast immer dieselbe: nicht viel. Was ist so furchtbar daran, wenn ich zehn Minuten später komme oder mir jemand anderen suchen muß, der das Klo repariert? Ich denke, die Probleme, die daraus entstehen könnten, sind nichts im Vergleich zu der Wut, die ich hätte, wenn ich zuließe, mich von alldem aus dem Gleichgewicht bringen zu lassen.«

Eine weise Frau, diese Annette. Ihre Geduldsmethode ist ganz direkt und geradeheraus – sie macht das, was in der Geschäftswelt Risikoanalyse genannt wird: abschätzen, wie hoch und welcher Art die Risiken sind und ob sie sie überleben wird. Dabei kommt in aller Regel heraus, daß das Risiko minimal oder zumindest erträglich ist. Das Problem besteht darin, daß wir bei Streß nervös werden, nicht mehr klar zu denken vermögen und das Gefühl bekommen, es gehe um Leben oder Tod.

Selbst in echten Gefahrensituationen kann eine Risikoanalyse sinnvoll und nützlich sein. Die Mittzwanzigerin Ellen MacArthur ist eine begeisterte Seglerin. Vor kurzem trat die junge Engländerin beim Vendee Globe, einer Einhand-und-Nonstop-um-die-Welt-Regatta, gegen einige der erfahrensten Segelexperten der Welt an. Niemand erwartete, daß sie überhaupt das Ziel erreichte. Nur mit viel Glück und Geschick kam sie an fünf Eisbergen vorbei, kollidierte dann jedoch mit einem Container. Dabei wurde ihr Backbordruder beschädigt und das Steuerbordschwert zerstört; beides erforderte gefahrvolle Reparaturarbeiten. (»Es ist kein besonders erhebendes Gefühl zu hören, wie dein Boot unter dir auseinanderbricht«, notierte sie in ihrem Tagebuch zu dem Vorfall.) Keine 1200 Meilen vor dem Ziel brach dann das Vorstag, und ihr Boot war praktisch nicht mehr fahrtüchtig.

Bei jeder dieser Begebenheiten wog Ellen sorgfältig die Risiken ab, schätzte ihre Erfolgschancen und nahm geduldig die Reparaturen vor. Das Ergebnis? Sie wurde zweite und war der jüngste Teilnehmer und die schnellste Frau, die jemals allein um die Welt gesegelt war – und der zweite Mensch, der dies in weniger als 100 Tagen schaffte.

Wenn Sie das nächste Mal über etwas verzweifeln möchten – machen Sie eine Risikoanalyse. Die Chancen, dadurch wieder

Land zu sehen, stehen gut. Was *ist* das Schlimmste, was passieren könnte? Und sollte dabei Ihr Blutdruck steigen, weil Sie ein Talent dafür haben, sich Katastrophenszenarien auszumalen, stellen Sie sich dazu die folgenden Fragen: Wie groß ist, realistisch betrachtet, die Wahrscheinlichkeit, daß dieser schlimmste aller denkbaren Fälle eintritt? Und sollte das wirklich geschehen, würde jemand ernsthaft gesundheitlichen Schaden nehmen – oder wäre es nicht sogar möglich, daran zu wachsen?

Sie werden darauf kommen, daß das Schlimmste kaum eintreten wird und Sie es, sollte dies wider Erwarten doch der Fall sein, irgendwie trotzdem schaffen. Und dieses Bewußtsein gibt Ihnen die Zeit zum Atemschöpfen, die Sie brauchen.

Immer das Ziel im Auge behalten

»Ich bin ein ungeheuer geduldiger Mensch –
vorausgesetzt, ich bekomme letztlich meinen Willen.«
Margaret Thatcher

In seinem neuen Buch *Nothing is Impossible* berichtet Christopher Reeve von seiner Entschlossenheit, wieder auf die Beine zu kommen, nachdem er seit einem Reitunfall im Jahr 1995 von der Brust abwärts gelähmt war. Unmöglich, sagten die Ärzte, das Rückenmark kann sich nicht regenerieren; er habe Glück, überhaupt noch am Leben zu sein. Aber der frühere Superman-Darsteller setzte sich ein Ziel: an seinem fünfzigsten Geburtstag, im Jahr 2002, würde er auf eigenen Beinen stehen und auf die anstoßen, die ihn dabei unterstützt hatten.

Christopher Reeve konnte an seinem Geburtstag nicht aufstehen, um mit seinen Gästen anzustoßen. Aber er kann inzwischen alleine sitzen und seine Arme und Beine bewegen sowie Berührungen spüren – und das sieben Jahre, nachdem sein Rückenmark angeblich unwiderruflich geschädigt war. Ein sicheres Zeichen dafür, daß es sich zumindest etwas regeneriert hat.

Diese Meisterleistung verdankt er einem unglaublich strapaziösen täglichen Übungsprogramm, das ihm und allen, die ihm dabei halfen, neben vielem anderem immense Geduld abverlangte. Geduld, dieselben aufreibenden Übungen immer und immer wieder zu machen, auch wenn sich keine erkennbaren Fortschritte einstellen wollten.

Auch wenn er das gesteckte Ziel nicht erreichte, bin ich überzeugt, daß ihm allein die Tatsache, ein Ziel zu haben, die Kraft und Geduld schenkte, diese Fortschritte zu machen. Weil er etwas hatte, auf das er hinarbeiten wollte, ertrug er die dafür erforderlichen körperlichen Torturen. Er behielt immer sein Ziel vor Augen.

Nun muß man nicht Superman gewesen sein, um das zu tun. Infolge unglücklich verlaufener Renovierungsmaßnahmen war meine Freundin Karen gezwungen, ein halbes Jahr in einer Wohnung ohne Bad zu leben. Ich wollte wissen, wie sie das aushielt, ohne aus der Haut zu fahren. »Ich habe mir einfach ausgemalt, wie wunderschön es sein wird, für den Rest meines Lebens mein Traumbad zu haben. Jedesmal, wenn mir die Geduld auszugehen drohte, stellte ich mir das fertige Badezimmer vor – und schwupps, hatte ich meine Geduld wieder.«

Diese Technik funktioniert übrigens auch mit Menschen. Wie Margaret Thatcher in dem Zitat oben sagt, ist es die Entschlossenheit, ein Ziel zu erreichen, die uns letztlich die Geduld gibt, darauf hinzuarbeiten und auch andere zu motivieren. Wenn wir nicht sicher wissen, was wir wollen, neigen wir dazu, vorschnell aufzugeben oder in die Luft zu gehen. Sind wir dagegen voll auf ein Ziel konzentriert, gibt uns das die Fähigkeit, auch Unbilden zu ertragen – weil wir sicher sind, daß das Ganze letztlich so ausgeht, wie wir es uns vorgestellt haben.

Diese Entschlossenheit ist eine gewaltige Kraft. Das hängt, wie Robert Fritz in *The Path of Least Resistance* (dt.: *Der Weg des geringsten Widerstands*) aufzeigt, damit zusammen, daß ein wahres Ziel unveränderlich feststeht und wie ein starker Magnet die Energien auf sich zieht. Wir wissen nicht, wie und wann – hier kommen Geduld und Zuversicht ins Spiel –, aber wenn wir nur fest genug daran glauben, dann stehen die Chancen gut, es auch zu erreichen.

Ted Williams, ein Baseballspieler aus der amerikanischen Oberliga, hatte als Junge nur ein Ziel: »daß die Leute sagen, ›das ist Ted Williams, der größte Schlagmann aller Zeiten‹«. Kurz vor seinem Tod wurde er für das All-Century-Team nominiert. Und als er das Stadion betrat, erklang die Stimme des Kommentators: »Und hier kommt Ted Williams, der größte Schlagmann aller Zeiten.«

Wenn das nächste Mal etwas anders läuft, als Sie es gerne hätten, versuchen Sie doch, die Energie, die Sie normalerweise auf den Frust verwenden würden, in konstruktive Bahnen zu lenken und auf das größere Ziel hinzuarbeiten. Sagen Sie sich: »Je mehr Hindernisse man mir in den Weg legt, desto klarer sehe ich vor Augen, was ich wirklich will.« Die eigene Entschlossenheit auf diese Art und Weise einzusetzen ist mehr als ein Zeitvertreib – es erhöht in der Tat die Aussicht, unsere Träume wahr werden zu lassen.

Unterfordern Sie sich

»Ich bin spät dran, spät dran, für einen wichtigen Termin.
Keine Zeit zum Hallo- oder Aufwiedersehnsagen,
ich bin spät dran, spät dran, spät dran …«
Das weiße Kaninchen in Alice im Wunderland

Sheila und Ted haben zwei kleine Kinder. Ted arbeitet als Computerprogrammierer in einer Firma, die eine Stunde Fahrzeit entfernt liegt. Sheila ist Krankenschwester und macht in aller Regel Spätdienst, damit sie vormittags daheim sein kann – sie haben für den Kleinen nur einen Kindergartenplatz für nachmittags. Ted fährt schon sehr früh in die Arbeit, damit er um 15 Uhr zu Hause ist, wenn der Große aus der Schule heimkommt. Ted und Sheila kommunizieren über Zettel und sehen sich wach nur am Wochenende.

»Das Ganze geht so lange gut, bis irgend etwas außer der Reihe geschieht«, gestand Sheila mir vor kurzem. »Schulferien, ein Kind krank – das ganze Konzept dahin. Ich stehe ständig unter Strom, lebe permanent in der Angst, was als nächstes passiert.« Sheila sagt auch, daß sie immer gereizt ist und überhaupt keine Geduld mit den Kindern hat. »Sie nennen mich Sklaventreiber«, klagt sie. Ist das ein Wunder? Die beiden haben niemals eine Verschnaufpause.

Nun mag Sheilas und Teds Programm gedrängter sein als das der meisten Leute, aber sie sind nicht die einzigen, die kaum mehr Land sehen. Wir alle sind doch ständig am Kämpfen. Eine alleinerziehende Mutter schrieb mir kürzlich, allen guten Vorsätzen zum Trotz sei sie immerzu in Zeitnot. »Ich ertappe mich dabei, alte Frauen buchstäblich abzudrängen, damit ich rechtzeitig zur U-Bahn komme. Und beim Fußballtraining bin ich sauer auf den Coach, wenn der nicht pünktlich Schluß macht, weil ich noch quer durch die Stadt fahren muß, um mein anderes Kind abzuholen.«

Jüngst las ich eine Statistik, der zufolge das amerikanische Durchschnittsehepaar heute rund 100 Stunden mehr pro Jahr arbeitet als 1980. 100 Stunden mehr! Kein Wunder, daß wir alle genervt sind, gereizt und ungeduldig. Wir machen einfach zuviel und nehmen uns nicht genug Zeit zum Entspannen.

Trotzdem können wir nicht einfach aussteigen. In den 90ern konnten wir es nicht, weil wir mitten in einem Wirtschaftsboom waren und versuchen mußten, uns ein Stück vom großen Kuchen zu sichern. Und jetzt können wir es erst recht nicht, weil die Zeiten hart sind und wir keinesfalls riskieren dürfen, unseren kostbaren Job zu verlieren. Oder wir sind rund um die Uhr damit beschäftigt, eine gute Stelle zu finden. Daneben gibt es dann noch Haushalt, Kinder, die zu allen möglichen Veranstaltungen chauffiert werden wollen, gesellschaftliche Verpflichtungen, ehrenamtliche Tätigkeiten im Elternbeirat oder in der Kirche. Und wie steht es um unsere eigenen Interessen? Tennis, Fitneß – oder auch nur der längst überfällige Zahnarztbesuch? Ich mag es gar nicht alles aufschreiben. Ist es da ein Wunder, wenn wir bei jedem Stolperstein die Geduld verlieren?

Deshalb besteht eine Möglichkeit, mehr Geduld zu haben, darin, sich wann immer möglich zu »unterfordern«, wie Dawna Markova es genannt hat. Machen Sie zehn Dinge, nicht 20. Legen Sie ein Mittagsschläfchen ein, anstatt zum Tennis zu hetzen; fahren Sie zu einem wichtigen Termin eine halbe Stunde eher los, damit Sie sich keine Gedanken darüber machen müssen, pünktlich zu sein.

Die geduldigsten Menschen, die ich kenne, haben immer irgendwie Zeit für alles, was ihnen das Leben an Hindernissen in den Weg legt – sei es ein abgebrochener Zahn, eine Reifenpanne oder ein krankes Kind. Sie sind flexibel genug, um solche Widrigkeiten wegzustecken, und können geduldig und mit viel Mitgefühl darauf reagieren.

Überlegen Sie, wo Sie sich unterfordern könnten. Sie glauben, Sie könnten nichts aus Ihrer Liste streichen? Versuchen Sie einmal, alles als Option anzusehen, als Möglichkeit, die Sie ändern können, wenn Sie nur wollen.

Sheila merkte, daß sie versucht hatte, ihr Problem zu lösen, ohne sich anderweitig nach Hilfe umzusehen. Vor kurzem luden die beiden Teds Mutter ein, bei ihnen zu wohnen. Jetzt haben Sie immer einen Reserve-Babysitter und -Chauffeur in petto, und alle sind merklich zufriedener – und geduldiger.

Und wie können Sie etwas Luft zum Verschnaufen in Ihr Leben bringen?

Fliegt dieses Ding noch?

»Wir alle baumeln auf halber Strecke zwischen dem, was bereits geschehen ist (unseren Erinnerungen), und dem, was geschehen könnte (unseren Vorstellungen). Jetzt ist die einzige Zeit, in der wirklich etwas geschieht. Nur wenn wir wach und bewußt leben, können wir wissen, was geschieht.«
Sylvia Boorstein

Mein Mann schweift beim Geschichtenerzählen gerne ab und äußert sich zuweilen auch etwas langatmig. Da ich seit zehn Jahren mit ihm zusammenlebe, sollte ich mich eigentlich daran gewöhnt haben. Kürzlich begann er eine Geschichte mit den Worten: »Ich möchte dir etwas erzählen, was sich möglicherweise negativ auf den Geschäftsabschluß auswirken könnte, den du seit einer Weile planst.« Er hatte den Satz noch nicht zu Ende gesprochen, da schlug mir das Herz bereits bis zum Hals, ich schaltete auf Panik und schrie ihn fast an: »Sag sofort, was los ist! Sag mir sofort, was los ist!« (Soviel zum Thema »angewandte Geduld«!) Mein Ausbruch brachte ihn so durcheinander, daß er volle fünf Minuten brauchte, um sich wieder zu sammeln und mir die Geschichte zu erzählen.

Als ich später meine Reaktion überdachte, fiel mir auf, daß es oft mit Angst zu tun hat, wenn ich die Geduld verliere. Etwas passiert, und ich bin überzeugt, es führt zu einem schlechten Ende, wenn ich nicht *sofort* etwas dagegen unternehme.

Aus diesem Grund hat mich auch die folgende Geschichte

über den ehemaligen Apollo-Astronauten Alan Bean spontan angesprochen. Wie die meisten Astronauten war Bean vorher Testpilot, und Testpiloten bekommen beigebracht, sich eine Frage zu stellen, wenn in der Luft irgend etwas Unvorhergesehenes geschieht: »Fliegt dieses Ding noch?« Diese Frage soll dem Piloten helfen abzuwägen, wie ernst ein Problem ist, damit er nicht in blinde Panik verfällt, sondern ruhig überlegen und so die beste Lösung suchen kann.

Dieses Training kam ihm sehr zupaß, erzählt Bean, als er sich in der Apollo-12-Kapsel befand. Beim Start wurde die Saturn-V-Trägerrakete von einem Blitz getroffen. Auf einmal blinkten sämtliche Warnlampen der Instrumententafel auf, und die an Bord befindlichen Astronauten empfanden das dringende Bedürfnis, *irgend etwas zu tun*. Doch da erinnerte Bean sich an die bewußte Frage. Und stellte fest: Die Fähre flog nicht nur noch, sie war sogar auf Kurs – Richtung Mond. Deshalb entschied er, die Mission nicht abzubrechen, sondern widmete sich nach und nach jedem einzelnen Warnlämpchen, bis alle Funktionen wiederhergestellt waren. Und sie kamen tatsächlich zum Mond und auch wieder heil zurück.

Nun gehe ich davon aus, daß die Dinge, die Sie und mich die Geduld verlieren lassen, in aller Regel nicht so lebensbedrohlich sind wie die Lage in einem vom Blitz getroffenen Raumschiff. Das sollte es uns um so einfacher machen, einmal tief Luft zu holen und uns zu fragen: »Fliegt dieses Ding noch?« Oder mit anderen Worten: Geht es hier wirklich um Leben oder Tod, oder habe ich Zeit, meine Optionen in Ruhe abzuwägen?

Ob mein Mann eine Minute brauchte, um mir seine Geschichte zu erzählen, oder vier – ich befand mich nicht in unmittelbarer Gefahr. Und natürlich war ich, nachdem ich wieder Ordnung in meine Gedanken gebracht hatte, viel besser in der Lage, die Informationen zu verarbeiten, die er für mich in petto hatte.

Wenn Sie das nächste Mal in einer Situation sind, bei der Ihnen der Geduldsfaden zu reißen droht, machen Sie den Fliegertest. Er ist ein großartiger Weg, die Dinge wieder in der richtigen Relation zu sehen.

5

Zwanzig Tips für mehr Geduld

Zusätzlich zu den im vorigen Kapitel genannten Übungen hier noch ein paar einfache Tips für akute Geduldsmangel-Notfälle.

1. Wenn Sie an einem langwierigen Projekt sitzen, konzentrieren Sie sich auf das, was Sie bereits geschafft haben, nicht auf die Arbeiten, die noch vor Ihnen liegen. Die »Das-Glas-ist-halb-voll«-Methode wirkt geduldsfördernd, weil sie uns positiv stimmt. Ein Mann schrieb einmal über das Bauen eines Bootes: »Ich denke nicht darüber nach, wie lange es noch dauern wird. Statt dessen freue ich mich darüber, wie weit ich bereits gekommen bin.«

2. Jemand stellt – daheim oder am Arbeitsplatz – Ihre Geduld auf eine harte Probe? Reagieren Sie sich bei einem flotten Spaziergang ab. Dabei verbrennen Sie die Streßhormone, die sich in Ihrem Körper angehäuft haben, und können nach Ihrer Rückkehr alles gelassener angehen.

3. Der uralte Rat, in einer erhitzten Situation stumm bis zehn zu zählen und dann erst zu sprechen, kann tatsächlich Wunder wirken. Es gibt Ihnen Gelegenheit, kurz darüber nachzudenken, was Ihnen wirklich wichtig ist – Dampf abzulassen oder eine elegante Lösung zu finden. Und wenn zehn nicht ausreicht, zählen Sie weiter bis 20. Oder 30.

4. Suchen Sie probate Lösungen für die Dinge, die Sie an Ihrem Partner stören, und nörgeln Sie nicht einfach an ihm/ihr herum. Kaufen Sie einen Kühlschrank mit eingebautem Eiswürfelbereiter, wenn Ihr/e Liebste/r ständig vergißt, die Eiswürfelbehälter nachzufüllen; kaufen Sie Zahnpasta zum Pumpen, wenn Sie beim Anblick einer offenen, halb zusammengedrückten Tube Zustände kriegen. Es gibt viele solche einfachen Lösungen. Wir müssen nur danach suchen.

5. Stecken Sie einen kleinen Kieselstein in Ihre Tasche. Wenn Sie merken, daß Sie in Rage kommen, nehmen Sie ihn in die Hand und legen ihn in eine andere Tasche, wieder zurück usw. Das unterbricht den Aggressions-Kreislauf und gibt Ihnen Gelegenheit, sich zu sammeln.

6. Unternehmen Sie beim Schlangestehen eine mentale Reise. Versetzen Sie sich an den friedlichsten Ort, den Sie sich denken können. Stellen Sie sich mit allen Sinnen vor, Sie sind dort. Welche Gefühle weckt das in Ihnen? Anstatt sich darauf zu konzentrieren, wie lange Sie noch anstehen müssen, freuen Sie sich über die Gelegenheit zu einem kurzen Tagtraum über Tahiti oder St. Moritz.

7. Ihre Kinder, Ihr Lebensgefährte oder Ihre Eltern machen Sie wahnsinnig? Überlegen Sie, wie Sie von Ihrer Umwelt beurteilt werden möchten. Soll Ihr Vater auf dem Totenbett sagen, daß Sie sich so fürsorglich um ihn gekümmert haben? Soll Ihr Sohn Ihnen dafür danken, ein geduldiger Lehrer gewesen zu sein? Nehmen Sie sich einen Augenblick Zeit, und denken Sie nach, wie man sich an Sie erinnern soll, und rufen Sie sich das ins Gedächtnis, wenn es das nächste Mal Familienknatsch gibt.

8. Starten Sie eine Geduldskette. Danken Sie anderen für ihre Geduld, wenn Sie mit der Suche nach dem passenden Kleingeld die ganze Schlange aufgehalten haben. Das löst die allgemeine Spannung und könnte andere anregen, genauso zu handeln.

9. Wenn Sie sehr lange darauf warten müssen, daß etwas Früchte trägt – ein aufwendiges Projekt zum Beispiel –, dann feiern Sie kleine Etappensiege. Zehn Seiten durchgearbeitet? Gönnen Sie sich einen leckeren Lunch. Wenn wir uns für bereits Erledigtes belohnen, gibt uns das Kraft zum Weitermachen.

10. Keine Zeit für ein bißchen innere Einkehr? Nutzen Sie Schlangestehen für eine meditative Geh-Übung. Spüren Sie Ihre Füße auf dem Boden. Heben Sie einen Fuß leicht an. Lassen Sie das Gefühl auf sich wirken. Stellen Sie ihn langsam und bewußt wieder hin, und heben Sie den anderen Fuß. Wie lange können Sie sich darauf konzentrieren? Sobald Ihre Gedanken abschweifen, führen Sie sie behutsam wieder zu der Geh-Übung zurück. So vergeht nicht nur die Wartezeit schneller, Sie üben damit auch Ihre Geduld.

11. Sie warten ungeduldig darauf, daß Ihr Computer hochfährt? Spielen Sie »Stoffpuppe«. Das entspannt die Nacken- und Rückenmuskulatur. Fahren Sie Ihren Stuhl auf etwas Abstand vom Schreibtisch und setzen Sie sich so auf die Stuhlkante, daß Ihre Knie und Füße etwa 30 cm auseinander sind. Legen Sie den Kopf zwischen die Knie, die Hände hängen zwischen Ihren Beinen auf den Boden. Jetzt tief durchatmen und alle Anspannung aus dem Körper in den Boden abfließen lassen.

12. Probieren Sie die Ampelmeditation. Nutzen Sie eine rote Ampel, ein klingelndes Telefon oder einen ähnlichen Ärgernisfaktor, um drei Atemzüge bewußt wahrzunehmen. Beobachten Sie einfach, wie Ihr Atem fließt, herein und wieder hinaus, ohne irgendwie darauf Einfluß zu nehmen.

13. Schenken Sie Routinearbeiten echte Aufmerksamkeit. Achten Sie zum Beispiel beim Tischabwischen darauf, was genau Sie tun. Fühlen Sie, wie Ihr Arm sich vor und zurück bewegt; freuen Sie sich über den blitzblanken Glanz der sauberen Fläche. Das dauert keine Sekunde länger, als wenn Sie es gedankenlos

machen, aber indem Sie es bewußt erleben und das Ergebnis genießen, haben Sie mehr Geduld dafür.

14. Reduzieren Sie Ihren Koffein- und Theinkonsum oder, besser noch, verzichten Sie ganz darauf. Koffein und Thein sind Stimulantia, die nicht nur wach machen, sondern auch nervös und unruhig, zudem die Reizbarkeit steigern und die Fähigkeit beeinträchtigen können, das Leben spielend zu meistern. Einer neueren Studie zufolge konsumieren über die Hälfte der Amerikaner mehr als die empfohlene Höchstmenge von 200 mg pro Tag. (Eine Tasse Kaffee enthält durchschnittlich 100 mg Koffein.) Als ich mich dabei ertappte, rund einen Liter Eistee am Tag zu trinken, sattelte ich auf entkoffeinierte Produkte um. Zugegeben, ich hatte ein, zwei Tage lang brüllende Kopfschmerzen, aber das war es wert. Seitdem bin ich nämlich sehr viel ausgeglichener und ruhiger.

15. Sie merken, daß Ihre Gedanken abdriften, wenn Ihnen jemand etwas erzählt? Denken Sie an eine Gelegenheit, als Sie jemanden brauchten, der Ihnen geduldig zuhört, und dieser Jemand es auch tat. Wenn Sie sich die heilende Kraft vor Augen halten, die Geduld in Ihrem Leben spielt, fällt es Ihnen leichter, auch mit anderen Geduld zu haben.

16. Was ist mir wichtiger: recht zu haben oder effektiv zu sein? Behalten Sie diese Frage im Hinterkopf, wenn Sie mit jemandem nicht einer Meinung sind. Stellen Sie sie so oft wie nötig. Wenn man ein Ziel vor Augen hat, fällt einem das Geduldhaben leichter.

17. Suchen Sie sich ein inspirierendes Zitat (dieses Buch enthält eine ganze Reihe davon), das Sie an Ihren Computerbildschirm, den Badezimmerspiegel oder das Armaturenbrett im Auto heften. Sobald Sie merken, daß Ihnen die Geduld ausgeht, lesen Sie es als kurzfristig wirksame Erinnerungsspritze.

18. Scheuen Sie sich nicht, andere Menschen um Hilfe zu bitten. Oft verlieren wir die Geduld, weil wir schlichtweg überlastet sind. Am Ende des Lebens gibt es keinen Preis dafür, zuviel getan zu haben – insbesondere wenn Sie dafür völlig ausgebrannt sind.

19. Versuchen Sie öfter mal, über sich selbst zu lachen. Christopher Reeve beschrieb sehr beredt, wie Witze ihm das Leben erleichterten. Wenn ihn jemand kurz nach seinem Unfall fragte, wie es ihm denn gehe, antwortete er regelmäßig: »Tja, ich habe ein bißchen Halskratzen, meine Nase juckt, und meine Fingernägel gehören geschnitten. Und, ach ja, ich bin querschnittsgelähmt.«

20. Sie warten darauf, daß jemand Sie zurückruft? Anstatt ungeduldig und genervt Däumchen zu drehen, betrachten Sie es als geschenkte Zeit. Erledigen Sie (längst überfällige) Kleinigkeiten – Ablage, Abwasch, Brainstorming für die Weihnachtsliste … Wenn wir kurze Wartezeiten als Gelegenheit ansehen, nicht als Ärgernis, haben wir nicht nur mehr Geduld, sondern bekommen auch eine ganze Menge Dinge auf die Reihe!

6

Zu guter Letzt: Haben Sie Geduld mit sich selbst!

»Habe Geduld mit allen Dingen, vor allem aber habe Geduld mit dir selbst, und übe dies jeden Tag von neuem.«
Hl. Franz von Sales

Irgendwo habe ich einmal gelesen: »Ein geduldiger Mensch ist der, der sich mit sich selbst abfindet.« Im Laufe der Zeit ist mir die Weisheit dieser Worte immer mehr bewußt geworden. Und tatsächlich: Wenn wir uns in Geduld üben, lernen wir, uns selbst zu lieben, in all unserer Unvollkommenheit, mit all unseren Stärken und Schwächen.

Je länger ich mich mit Geduld befasse, desto klarer wird mir, daß Ungeduld nichts anderes ist als eine Begleiterscheinung des Perfektionismus. Wenn wir von uns selbst und von anderen Vollkommenheit erwarten, wenn wir erwarten, daß U-Bahnen und Aufzüge und Anrufbeantworter einwandfrei funktionieren, dann verlieren wir ganz automatisch jedesmal die Geduld, wenn irgendeine Kleinigkeit nicht klappt. Gepäck geht verloren, Termine werden überzogen, Ober sind ruppig, Verwandte mäkelig, und die Kinder quengeln.

Je mehr wir jedoch umgekehrt das Leben als chaotisch und unvorhersehbar ansehen und begreifen, daß die Menschen sich so gut wie möglich durchschlagen, desto mehr Geduld bringen wir auf – für die Umstände und für die Menschen, mit denen wir zu tun haben.

Natürlich sind wir dazu nur in der Lage, wenn wir Geduld mit uns selbst haben, wenn wir Neugierde und Verständnis aufbringen für die eigenen Unzulänglichkeiten. Solange wir von uns selbst Perfektheit erwarten, sind wir starr, unflexibel, in Vorurteilen gefangen. Jeder Fehler ist unverzeihlich, deshalb verdrängen wir ihn und tun so, als sei er nie passiert. Wir sind nicht in der Lage, aus unseren Fehlern zu lernen, und deshalb dazu verdammt, sie immer wieder zu machen. Gehen wir dagegen verständnisvoll und zärtlich mit uns um, so wie eine Mutter mit ihrem Neugeborenen, können wir uns unsere Fehler eingestehen und in Zukunft klügere Entscheidungen treffen.

Je mehr wir uns in der Tugend Geduld üben, desto mehr verdienen wir unsere Barmherzigkeit. Barmherzigkeit ist ein altmodisches Wort; man hört es heutzutage nicht mehr oft. »Barmherzigkeit«, schreibt der französische Philosoph Andre Comte-Sponville, »ist die Tugend des Vergebens … Barmherzigkeit ist der Pfad, der auch um jene Sorge trägt, die nie sein Ende erreichen.«

Ich mag dieses Wort so sehr, weil es unter anderem auch den mitfühlenden Umgang mit Menschen beinhaltet, die verzweifelt oder in Not sind. Wenn wir uns selbst Barmherzigkeit angedeihen lassen, akzeptieren wir unseren Kummer und Ärger. Wir lassen sie zu und lassen uns von ihnen verändern. Der Zwang, perfekt zu sein, läßt nach. Auch wenn wir Erwartungen nicht erfüllen, achten wir uns und lieben uns so, wie wir sind. Je mehr Liebe und Barmherzigkeit wir uns selbst schenken, desto mehr Geduld haben wir auch für den Rest der unvollkommenen Menschen, die auf diesem alles andere als vollkommenen Planeten leben.

Liebe und Geduld sind zwei miteinander verwobene Stränge, wie die DNA, auf der alles Leben basiert. Liebe gibt uns Geduld – mit uns selbst, mit anderen, mit dem Leben überhaupt. Und mit Geduld können wir uns selbst lieben, andere Menschen lieben und das Leben lieben. Jeder Strang stützt und fördert den anderen.

Einer der größten religiösen Schriftsteller des 19. Jahrhunderts war ein Mann namens Henry Drummond, der ein Büchlein mit dem Titel *The Greatest Thing in the World* (dt.: *Die Liebe aber ist die größte*) verfaßte. Darin heißt es: »Die Welt ist kein Spielplatz; sie ist ein Klassenzimmer. Das Leben ist kein Urlaub, sondern eine Ausbildung. Und die alles überragende Frage für alle Menschen lautet, *wie können wir noch mehr lieben?*«

Geduld und Liebe schenken uns die Fähigkeit, die Herausforderungen, die das Leben nun einmal mit sich bringt, anzugehen und so zu meistern, daß alle davon profitieren – wir selbst, unsere Mitmenschen und die Umwelt.

Dank

Ein unendlich großer Dank gebührt Dawna Markova, die mich in allem unterstützt und mir großzügigerweise erlaubt, weiterzugeben, was ich von und mit ihr gelernt habe. Ihre Darstellung, daß Geduld ein Tätigkeitswort ist, war ebenso hilfreich wie viele Vorschläge und Tips zu praktischen Übungen. Hinsichtlich dessen, was Menschen wirklich verändern kann, ist sie der weiseste Mensch, den ich kenne.

Unendlicher Dank auch an meinen Ehemann Donald McIlraith, der sein Einverständnis dazu gab, so viel über ihn und unsere Beziehung preiszugeben, und der obendrein einer meiner größten Geduldslehrer war und ist. Eine Verneigung voller Respekt und Dankbarkeit für Ana Li, meine fünfjährige Tochter, die mir nicht nur in puncto Geduld sehr viel beigebracht hat. Und danke für die geduldige Hinnahme der Tatsache, daß Mama so viele Wochenenden mit Arbeit verbracht hat.

Dank an Bonnie Clark, Kathy Corbett, Tigest Scott und insbesondere Don, die sich liebevoll um Ana kümmerten, damit ich dieses Buch in so kurzer Zeit fertigstellen konnte. Dank an Rick Weiss, Mary Beth Sammons, Barb Parmet und Susie Kohl, die Geschichten, Konzepte und konstruktive Kritik beisteuerten und mich davon abhielten, mich zu wiederholen. Vielen Dank an Robin Rankin für ihre Unterstützung sowie allen meinen anderen Kollegen bei Professional Thinking Partners – Dawna Markova, Andy Bryner, Dave Peck und Angie McArthur –, die für mich einsprangen, als der Abgabetermin immer näher rückte.

Dank an meine Lektorin Kris Puopolo, die fest an die Notwendigkeit eines Buches über Geduld glaubte und das Thema in einen weit größeren gesellschaftlichen Kontext stellte, als ich es ursprünglich plante. Ihre Vorschläge räumten mit meinem Vorurteil auf, New Yorker Verlage hätten keine großartigen Lektoren mehr. Dank auch an meine außergewöhnliche Agentin Debra Goldstein, die geduldig darauf wartete, bis ich Zeit für sie hatte, und jedes ihrer Versprechen buchstabengetreu einhielt.

Zuletzt eine tiefe, dankbare Verbeugung vor den Entdeckern und Entwicklern der Lehren und Techniken, die die Seiten dieses Buches füllen, sowie vor denjenigen Klienten und Freunden, die mich an ihren emotionalen und spirituellen Fortschritten teilhaben ließen. Um die Privatsphäre der Letztgenannten zu schützen, habe ich ihre Namen sowie Details ihrer Erlebnisse verändert; der Geist dessen, was ich durch sie und mit ihnen gemeinsam gelernt habe, ist aber hoffentlich erhalten geblieben.

Literaturverzeichnis

Lance Armstrong. *It's Not About the Bike.* Berkley Books, 2000. Dt.: *Tour des Lebens. Ich besiegte den Krebs und gewann die Tour de France.* Bastei-Lübbe, 2002.

Martha Beck. *Expecting Adam.* Berkley Pub Group, 2000. Dt.: *Ein wunderbares Kind. Wie Adam mein Leben verändert hat.* Ullstein, 2000.

Sylvia Boorstein. *Pay Attention, For Goodness Sake.* Ballantine Books, 2002.

Sylvia Boorstein. *Retreat – Zeit für mich.* Herder, 2000.

Sylvia Boorstein. *Road Sage.* Audiotape. Boulder Co: Sounds True, 1999.

Darlene Cohen. *Finding a Joyful Life in the Heart of Pain.* Shambhala, 2000. Dt.: *Dein Bewußtsein ist stärker als jeder Schmerz.* Integral, 2000.

Andre Comte-Sponville. *A Small Treatise on the Great Virtues.* Henry Holt and Company, 1996. Dt.: *Ermutigung zum unzeitgemäßen Leben. Ein kleines Brevier der Tugenden und Werte.* Rowohlt, 2001.

Dalai Lama. *An Open Heart.* Little, Brown and Company, 2001.

Dalai Lama. *Healing Anger: The Power of Patience from a Buddhist Perspective.* Snow Lion Publications, 1997.

Anthony de Mello. *Awareness.* Doubleday, 1990. Dt.: *Wo das Glück zu finden ist.* Herder, 2002.

Wayne Dyer. *There is a Spiritual Solution to Every Problem.* HarperCollins, 2001. Dt.: *Die Macht von Liebe, Vergebung und Harmonie im Alltag.* Goldmann, 2003.

James Fadiman and Robert Frager. *Essential Sufism.* HarperSanFrancisco, 1997.
Jan Frank. *A Graceful Waiting: When There's Nothing More that You Can Do, God's Deepest Work Has Just Begun.* Servant Publications, 1996.
Robert Fritz. *The Path of Least Resistance.* Fawcett, 1989. Dt.: *Der Weg des geringsten Widerstands. Lebensplanung mit NLP.* Heyne, 1997.
Tim Gallwey. *The Inner Game of Work.* Random House, 1999. Dt.: *Erfolg durch Selbstcoaching. Mit der Inner-Game-Methode zu mehr Balance im Beruf.* Bildung und Wissen Verlag, 2002.
James Gleick. *Faster: The Acceleration of Just About Everything.* Vintage, 1999. Dt.: *Schneller. Eine Zeitreise durch die Turbo-Gesellschaft.* DVA, 2000.
Daniel Goleman. *Emotional Intelligence.* Bantam Books, 1995. Dt.: *Emotionale Intelligenz.* Hanser, 2002.
Thich Nhat Hanh. *Anger. Wisdom for Cooling the Flames.* Riverhead Books, 2001. Dt.: *Ärger. Befreiung aus dem Teufelskreis destruktiver Emotion.* Goldmann, 2002.
David Baily Harned. *Patience: How We Wait Upon the World.* Cowley Publications, 1997.
Etty Hillesum. *An Interrupted Life. The Diaries 1941–43 and Letters from Westerbork.* Henry Holt and Company, 1996. Dt.: *Das denkende Herz. Die Tagebücher von Etty Hillesum 1941–43.* Rowohlt, 1995.
Jason Jennings & Laurence Haughton. *It's Not the Big that Eat the Small? It's the Fast that Eat the Slow.* HarperBusiness, 2000. Dt.: *Schneller als die Konkurrenz erlaubt.* Hanser, 2002.
Sue Monk Kidd. *When the Heart Waits.* HarperSanFrancisco, 1990.
Aung San Suu Kyi. *Letters from Burma.* Penguin Books, 1995.
Aung San Suu Kyi: *Der Weg zur Freiheit.* Lübbe, 1997.
Michael LeFan. *Patience, My Foot: Learning God's Patience*

Through Life's Difficulties. Joplin Missouri: College Press, 1993.
Edward Le Joly und Jaya Chaliha. *Reaching Out in Love: Stories Told by Mother Teresa.* Continuum, 2000. Dt.: *Wo Liebe ist, kann Hoffnung wachsen. Geschichten aus Kalkutta.* Herder, 2001.
Gary Mack mit David Casstevens. *Mind Gym*. Contemporary, 2001.
Nelson Mandela. *Long Road to Freedom.* Little, Brown and Company, 1994. Dt.: *Der lange Weg zur Freiheit.* Fischer, 1997.
Dawna Markova. *I Will Not Die an Unlived Life.* Conari Press, 2001.
Carol McClelland. *Seasons of Change*. Conari Press, 1998.
Janelle Moon. *Stirring the Waters.* Tuttle Publishing, 2001.
Norman Vincent Peale. *Words That Inspired Him.* Inspirational Press, 1994.
Christopher Reeve. *Nothing is Impossible.* Random House, 2002. Dt.: *Immer noch ich. Mein zweites Leben.* Droemer Knaur, 2002.
Rachel Naomi Remen. *Kitchen Table Wisdom.* Riverhead, 1997. Dt.: *Dem Leben trauen. Geschichten, die guttun.* Goldmann, 2001.
Robert M. Sapolsky. *Why Zebras Don't Get Ulcers: An Updated Guide to Stress, Stress-Related Diseases, and Coping.* WH Freeman, 1998. Dt.: *Warum Zebras keine Migräne kriegen.* Piper, 1996.
Tracy Sarriugarte and Peggy Rowe Ward. *Making Friends with Time*. PBJ Productions, 1999.
Jeanne Segal, Ph. D. *Raising Your Emotional Intelligence.* Henry Holt and Company, 1997. Dt.: *Fühlen will gelernt sein. Ein Praxisbuch zur Entwicklung Emotionaler Intelligenz.* Goldmann, 1997.
David Shenk. *The End of Patience: Cautionary Notes on the Information Revolution*. Indiana University Press, 1999.
James Sherman. *Patience Pays Off*. Pathway Books, 1987.

Edward Tenner. *Why Things Bite Back: Technology and the Revenge of Unintended Consequences.* Vintage, 1996. Dt.: *Die Tücken der Technik. Wenn Fortschritt sich rächt.* Fischer, 1997.

Eckhart Tolle. *The Power of Now.* New World Library, 1999. Dt.: *Jetzt. Die Kraft der Gegenwart.* Kamphausen, 2000.

William Ullathorne. *Patience and Humility*. Sophia Institute Press, 1998.

Gail Van Kleeck. *How You See Anything is How You See Everything.* Andrews McMeel Publishing, 1999.

Iyanla Vanzant. *One Day My Soul Just Opened Up.* Simon & Schuster, 1998. Dt.: *Und meine Seele öffnet sich. Das Programm zur Überwindung seelischer Krisen.* Econ, 2001.

Rosalyn White, Hrsg. *The Magic of Patience: A Jataka Tale.* Dharma Publishing, 1989.

Jerry Wilde und Polly Wilde. *Teaching Children Patience without Losing Yours.* LGR Publishing, 1999.

Rosamund Stone Zander und Benjamin Zander. *The Art of Possibility.* Penguin Books, 2000.

Ihr persönlicher Weg zu mehr Geduld

Wie erleben Sie Geduld? Was haben Sie darüber gelernt? Was hilft Ihnen, in schwierigen Zeiten Geduld zu bewahren?

Ich würde gerne erfahren, wie Geduld Ihnen in Ihrem Alltag hilft. Schicken Sie Ihre Geschichte (bitte auf englisch) an meine E-Mail-Adresse, zu finden unter meiner Website:
www.maryjaneryan.com